Hans Waldenfels

Phänomen Christentum

Hans Waldenfels

Phänomen Christentum

Eine Weltreligion in der Welt der Religionen

Herder
Freiburg · Basel · Wien

Die Deutsche Bibliothek – CIP-Einheitsaufnahme

Waldenfels, Hans:
Phänomen Christentum : eine Weltreligion in der Welt der Religionen / Hans Waldenfels. –
Freiburg im Breisgau ; Basel ; Wien : Herder, 1994
ISBN 3-451-23315-0

Umschlaggestaltung: Neil McBeath, Kornwestheim
Herstellung: Freiburger Graphische Betriebe 1994
ISBN 3-451-23315-0

Inhalt

Vorwort

Die Überlegungen dieses Buches gehen auf eine Vorlesungsreihe zurück, die ich auf Einladung der Berliner Humboldt-Universität im Wintersemester 1992/93 zum Thema „Das Christentum im Pluralismus unserer Zeit" gehalten habe. Tatsächlich ist vieles zum Christentum zu sagen. Man kann über seine geschichtliche Entstehung und Begründung sprechen, über die Vielzahl seiner Formen und Wandlungen. Hier soll einzig von seiner Erscheinung und Bedeutung in unserer heutigen Gesellschaft die Rede sein, jenseits aller – noch so berechtigten – Kirchenkritik.

Unsere Zeit und Gesellschaft ist durch vielfältige Gestalten eines Pluralismus gekennzeichnet. Wir leben faktisch in einer multikulturellen Gesellschaft. In ihr muß das Christentum seinen Ort neu suchen zwischen Säkularität und konkurrierenden Religionen, zwischen Konservativismus und Fortschrittlichkeit, Desinteresse und Engagement, Wertebewußtsein und Ignoranz, Fundamentalismus und Synkretismus. Wer die Faszination des Christentums erspüren will, muß es in Auseinandersetzung mit diesem Pluralismus tun.

Genau das soll hier versucht werden. Ausgehend von der heutigen Situation des Christentums zwischen Säkularität und Religiosität *(Kapitel 1),* wird der geistige Wandel beschrieben als Übergang von der europäisch-christlichen Neuzeit zur postchristlichen Moderne *(Kapitel 2).* Dabei zeigt sich, daß die Religionen in dieser

Moderne eine wichtige Funktion behalten, auch wenn sehr bald deutlich wird, daß „Religion" und „Religionen" ein vielfältig-schillerndes Etwas beschreiben.

Über die Zeichnung der religiösen Landkarte *(Kapitel 3)* fällt der Blick von selbst auf die Weltreligionen bzw. auf die in der Welt am wirkungsvollsten auftretenden Religionen. Dabei geht es zunächst um das Judentum als den bleibenden Wurzelgrund des Christentums *(Kapitel 4)*. Als bislang bedeutendste in nachchristlicher Zeit entstandene Weltreligion drängt sich der Islam gegenwärtig auf neue Weise auf *(Kapitel 5)*. Die stärksten religiösen Alternativen aber liegen in Asien, im Hinduismus und Buddhismus, im Land der Mitte, China *(Kapitel 6)*. Auf diesem „Markt der Religionen" erwächst dann zugleich auch das Geflecht fundamentalistischer und synkretistischer Gruppen und Reaktionen, die eine besondere Aufmerksamkeit verdienen *(Kapitel 7)*.

Das abschließende *Kapitel 8* holt schließlich die Eingangsfrage ein. Auf dem Weg über seinen Ort in der pluralistischen, multikulturellen Gesellschaft zeigt sich die besondere Faszination des Christentums. Geprägt von seiner spezifischen Eingangsgeschichte – *Erinnerung an Jesus* –, seiner Nachfolgegeschichte – *Ergriffensein von Jesus* – und seiner Gegenwartsgeschichte – *Weitergabe von Jesu Gottes- und Menschenbild* –, ringt das Christentum in unvergleichlicher Art um das Dialogische und denkt es in beispielloser Weise vom Menschen her als der guten Schöpfung Gottes und daher als einem zur Mitmenschlichkeit fähigen und gerufenen Wesen.

Mit seinem Angebot tritt das Christentum heute werbend in den Diskurs der Welt ein. Das wurde mir selbst nachdrücklich klar, als ich große Teile des Buches ein zweites Mal in einem ganz anderen Teil der Welt, nämlich auf Taiwan in einem theologischen Fortbildungskurs für deutschsprachige Missionare, Frauen und Männer, im Frühjahr 1993 vorstellen konnte. Die Chance des Christentums besteht darin, daß es sich in seiner Tiefe von Gott in den innergöttlichen Diskurs einbezogen weiß und, daraus lebend, sich mit seiner Botschaft und seinen Überzeugungen in den heutigen Suchprozeß der Menschheit einschaltet.

Herrn Dr. Peter Suchla danke ich sehr für seine Betreuung des Buches im Verlag Herder.

Bonn, den 6. Januar 1994 *Hans Waldenfels*

I

Christentum zwischen Säkularität und Religiosität

Vorbemerkung 1: Doppeltes Spannungsfeld der Religion
Eine Religion ist nur insoweit bedeutsam, als sie den Menschen der Gegenwart in seinen Fragen und Nöten, seinen Hoffnungen und Erwartungen betrifft. Deshalb ist auch jede Religion von zwei Seiten her zu bedenken:

– Einmal geht es um ihren Ort in der heutigen Welt. Es ist zu fragen, inwieweit sie sich als Antwortangebot auf die Fragen des heutigen Menschen erweist.

– Sodann aber kann Religion, wenn sie nicht oberflächlich in ihrem heutigen Zustand betrachtet und von ihm her beurteilt werden soll, nicht ohne ihre Geschichte und ihren Ursprung bedacht werden.

Die Ungleichzeitigkeit von Herkunft und Gegenwart bringt es aber mit sich, daß eine Religion nicht nur als ein Antwortangebot auf die heutige Zeit erscheint, sondern ihrerseits zur Anfrage wird, indem sie die Gegenwart in Frage stellt. Was uns plausibel erscheint, kann fragwürdig werden, wenn wir nicht unbewußt das eigene Denken und den eigenen Standpunkt zur Norm unseres Denkens und Handelns erheben.

Heutige Menschen neigen freilich in großer Zahl dazu, gerade dieses zu tun. Sie stellen dann die Vergangenheit als veraltet und überholt in Frage, ohne den Gedanken zuzulassen, daß das Vergangene – berechtigter- oder unberechtigterweise, was zu prüfen wäre, – sie selbst in Frage stellt. Das wird ganz deutlich, wenn wir in unserer heutigen Gesellschaft auf die in der Öffentlichkeit vertretene Haltung gegenüber der Religion achten, die jahrhundertelang unsere Landschaft bestimmt hat, nämlich das Christentum. Grundsätzlich gilt auch hier, was wir für alle Religionen festgestellt haben: Das Christentum ist aus einem doppelten Blickwinkel zu sehen:

– Es läßt sich die Frage stellen: Inwieweit gibt das Christentum Antwort auf die Fragen, die die Menschen heute bewegen? Versteht sie diese Fragen? Oder weicht es ihnen aus? Fühlen sich die Menschen verstanden, wenn sie auf die Botschaft des Christentums hören? Die verbreitete Religionskritik, die in unseren Breiten in erster Linie immer noch eine Kritik am Christentum ist, bedarf hier einer gründlichen Überprüfung.

– Das Christentum ist aber dann nicht zu verstehen, wenn es nicht aus ihrem Ursprung heraus gedacht wird. Jede neue Religion – und das Christentum macht hier keine Ausnahme – ist in seinem Ursprung und Anfang eine Provokation für die jeweilig vorherrschenden gesellschaftlichen Verhältnisse. Anders gesagt: Sie stellt diese Verhältnisse auf vielfältige Weise in Frage. Es ist nur darauf zu achten, welche Rolle jeweils die Rede von der Umkehr und Bekehrung spielt. Zugleich muß für die frühe Christentumsgeschichte an die bis heute im Bewußtsein stehende Märtyrergeschichte erinnert werden.

Vorbemerkung 2: „Pluralismus der Zeit"

Im Folgenden geht es um das Christentum im Pluralismus unserer Zeit. Es soll also vom Christentum gesprochen werden, jedoch nicht sosehr von seiner geschichtlichen Entstehung und Begründung und von der Vielzahl seiner geschichtlichen Transformationen. Vielmehr konzentrieren wir uns vor allem auf seine Erscheinung und Bedeutung in der heutigen Zeit und unserer heutigen

Gesellschaft. Das macht eine weitere Vorüberlegung erforderlich, die wir in zwei Schritten erläutern:

– Es gibt nicht *den* Menschen im allgemeinen, sondern immer nur die Menschen im Plural.

– Sodann aber ist es ein Kennzeichen unserer Zeit, daß sie ihrerseits als „pluralistische Zeit" gekennzeichnet ist. Wir lenken unsere Aufmerksamkeit vor allem auf diesen zweiten Punkt, da der erste einsichtig ist. „Pluralismus der Zeit" besagt dann: Wie es nicht *den* Menschen im Singular gibt, so gibt es auch nicht *die* menschliche Gesellschaft im allgemeinen. Wir stellen vielmehr heute aufgrund der immer wirksameren Informationsmedien und auch unserer durch den technischen Fortschritt ermöglichten rasanten Mobilität fest, daß wir es gleichzeitig mit unterschiedlichen Gesellschaften und Kulturen, Religionen und politisch-wirtschaftlichen Systemen in der Welt zu tun haben, ja daß diese Unterschiedlichkeiten bis in unsere eigene Gesellschaft hinein präsent sind. Anders gesagt: Die eine Welt ist von einer Vielheit paralleler Erscheinungen in den verschiedensten Bereichen gesellschaftlichen Lebens bestimmt.

Daraus folgt: Selbst wenn wir uns in unseren Überlegungen beschränken wollen auf die Situation unserer deutschen oder doch mitteleuropäischen Gesellschaft im Schnittpunkt eines aus unterschiedlichen Gesellschaftssystemen zusammenwachsenden Europa, können wir das nicht tun, ohne auf den Pluralismus der Zeit zu achten; wir können aber auch die Verflochtenheit mit der übrigen Welt, mit ihren Fragen und Problemen nicht mehr ausblenden. Davor bewahrt uns – wie schon gesagt – die ständige Verbundenheit mit der übrigen Welt. Dabei stellen wir zugleich fest, daß die Welt heute nicht mehr einfachhin die Welt westlichen Denkens und westlicher Hegemonie ist. Wir haben es nicht nur mit unterschiedlichen Sprachgruppen und Rassen zu tun, sondern auch mit unbekannten Religionen, mit konkurrierenden Wirtschafts- und Staatssystemen, die ihr je eigenes Recht auf Dasein behaupten. Damit haben wir es mit einer Welt zu tun, deren Unbekanntheit uns zugleich erschreckt und anzieht.

Zwei Beobachtungen können das illustrieren:

– In unserem Land ist der Begriff *„multikulturelle Gesellschaft“* nach wie vor ein Reizwort, obwohl nicht zu leugnen ist, daß sich in den Jahrzehnten nach dem 2. Weltkrieg nicht nur die Konfessionsgrenzen weithin verwischt haben, sondern unsere Großstädte in zunehmendem Maße von der Anwesenheit ausländischer Mitbürger geprägt sind, die nicht nur fremdes ethnisches, sondern auch religiöses Brauchtum, andere Weltanschauungen sowie sittliche und rechtliche Normen in unser Land tragen. Das Problem ist nicht die unleugbare Situation der Multikulturalität, sondern die Frage, wie mit Fremden in unserem Land umzugehen ist. Daß das euphemistische Wort *„Gastarbeiter“* längst nicht mehr das Phänomen abdeckt, ist einleuchtend.

– Inzwischen nimmt der Widerstand gegen Fremde und Fremdes zu. Das Stichwort *„Asylbewerber“* ist längst zu jener Gegeninstanz geworden, die das ältere Wort „Gastarbeiter“ zudeckt.

Im Ergebnis fühlen wir uns heute vom Fremden zugleich angezogen und abgestoßen. Denn auch wenn die Haltung dem und den Fremden im eigenen Land gegenüber eher zwiespältig zu nennen ist, so ist die weite, fremde Welt der Exotik immer noch die Welt der Träume, des Auszugs aus der eigenen Alltäglichkeit, inzwischen für nicht wenige auch die Möglichkeit des Entrinnens aus den für sie sinnentleerten christlichen Festzeiten Europas. Die Urlaubsreisen zu Weihnachten und Ostern entleeren die Kirchen vieler deutscher Gemeinden und sind auf eigene Weise Ausdruck der Entfremdung und Abkehr vom Christentum.

Die Situation des Christentums läßt sich in dieser Hinsicht charakterisieren als Leben im Spannungsfeld von Säkularität und Religiosität.

1. Säkularität

a) Begriffserläuterungen

Säkularität stammt vom lateinischen *saeculum*. Es bezeichnet eine Weltenzeit, aber auch eine Zeitperiode, dann überhaupt die Welt. Der Begriff ist aber für unser Verständnis in Verbindung mit den dem 19. Jahrhundert und dann dem abendländischen Raum zuzuordnenden Begriffen „Säkularisation", „Säkularisierung" und „Säkularismus" zu sehen und betont – in einem Schlagwort gesagt – die „weltliche Welt" (J. B. Metz).

– *Säkularisation* bezeichnet im engeren Sinne den Entzug oder die Entlassung einer Sache, eines Territoriums oder einer Institution aus der kirchlich-geistlichen Oberhoheit bzw. die ohne kirchliche Zustimmung erfolgende Einziehung und Verwendung von Gütern, die kirchlichen Eigentümern gehören oder für kirchliche Zwecke bestimmt waren, zu profanen Zwecken. Historisch verbindet sie sich vor allem mit der Französischen Revolution und der deutschen Säkularisation von 1803, die zum Einzug zahlreicher kirchlicher Güter zugunsten der Landeshoheiten führte.

– *Säkularisierung* besagt sodann den Prozeß der Loslösung der verschiedensten Bereiche menschlichen Lebens wie Anschauungen, Sitten, Gesellschaftsformen, selbst Sachen und Personen sowie auch deren Gesamtheit aus der Bestimmung durch die Religion und ihre Autoritätsträger. Der Prozeß führt zu einer starken Privatisierung und Individualisierung des Religiösen ganz allgemein.

– *Säkularismus* ist entweder der zu einem weltanschaulichen Programm erhobene Säkularisierungsprozeß oder auch das in falscher Weise ideologisierte Ergebnis des Prozesses. Er läßt – streng genommen – die Säkularisierung an die Stelle der Religion treten. Allerdings muß beachtet werden, daß – nicht zuletzt unter dem Einfluß des englischsprachigen Verständnisses – die beiden Begriffe „Säkularisierung“ und „Säkularismus“ häufig ununterschieden und „Säkularismus“ dann auch wieder unideologisch gebraucht wird.

– *Säkularität* ist in diesem Verständniszusammenhang das Ergebnis der genannten historischen Vorgänge und ihrer Deutungen. Es spricht, je nach Einstellung, von der bewußten Hinkehr zur Welt, wie sie ist, unter Absehung von allen religiösen Deutungen und Deuteversuchen, ohne diese jedoch zu leugnen, oder aber auch von der Weltzuwendung und Welthaltung in Ablehnung zu aller Religion und ihrer Transzendenzbezogenheit. Aus der Sicht der Religion wird eine solche Haltung dann letztendlich zur „Verweltlichung“.

b) Geschichtsdeutung

Es darf nun nicht übersehen werden, daß die Betonung der Säkularität, so wie sie hier verstanden wird, unserer eigenen europäischen Kulturgeschichte entwachsen und dabei zu einem Deutemodell der Geschichte geworden ist. Die Haltung der Säkularität wird zu einer Ablösung der Religion bzw. der religiösen Haltung. „Ablösung“ aber schließt in diesem Verständnis im wörtlichen Sinne des Wortes den „Fort-Schritt“ ein: Die Geschichte schreitet von der Haltung der Religion zur Haltung der

Säkularität, also einer reinen religionslosen Welthaltung und einem entsprechenden Wertesystem weiter.

Diese Art von Fortschrittsdenken kann von mehreren Seiten her illustriert werden.

– *Drei-Stadien-Gesetz:* Ein erstes Beispiel ist das Modell des sogenannten *Drei-Stadien-Gesetzes,* das auf den Vater der Soziologie Auguste Comte (1798–1857) zurückgeht. Danach schreitet der menschliche Geist vom „theologischen“ über das „metaphysische“ oder „philosophische“ zum „positiven“ bzw. „wissenschaftlichen“ Stadium fort. Der Fortschritt der Geschichte ist somit markiert vom Fort-Schritt von der Theologie über die Philosophie zur Wissenschaft. *„Theologie“* beantwortet in diesem Zusammenhang die Frage nach ersten Ursachen und letzten Zielen mit dem Verweis auf übernatürliche, überweltliche Mächte. *„Philosophie“* stellt zwar immer noch dieselben Fragen, sieht sie aber – vielleicht bis auf im Laufe der Geschichte auszuräumende Restbestände – durch die den Dingen innewohnenden Gesetze beantwortet. *„Wissenschaft“* schließlich verzichtet auf absolute Auskünfte, stellt und bedarf keiner metaphysischen Fragen mehr. Vielmehr wird das „Positive“, d. h. werden die gegebenen „Fakten“, die „Tatsachen“ zur Kenntnis genommen, beobachtet und geordnet und dann in der Beziehung des Nach-, Mit- und Nebeneinanders, der Ähnlichkeit und Unähnlichkeit u.ä. zu verstehen versucht. Das Nacheinander der drei Wissenssysteme ist in ein evolutives, also ein Geschichtsschema des Fortschritts eingefügt, in dem dann die jeweils frühere Stufe sich in die nächste hinein aufhebt. Zwar wird der wissenschaftliche Rang dieser Hypothese heute weithin bestritten, doch wirkt sie unzweifelhaft unterschwellig zumindest als ein mögliches heuristisches Prinzip weiter.

– *„Vom Mythos zum Logos“:* Es gibt einen anderen

Slogan, der ebenfalls heute nicht mehr mit gleicher Vehemenz vorgetragen wird, wenn er nicht gar als überholt gilt: „Vom Mythos zum Logos“. Beide Begriffe – „Mythos“ wie „Logos“ – besagen „Wort“. *„Mythos“* bezeichnet in diesem Sinne das autoritative Überlieferungswort, das die als real vorausgesetzte Existenz Gottes und der Götter, ihr Handeln und Wirken, nicht zuletzt an und in der Welt darstellt und erzählt. Demgegenüber hat es *„Logos“* mit dem verstandesmäßigen Erweis von Wahrheit zu tun. Im ursprünglich griechischen Verständnis des Logos abstrahiert dieser Begriff von der Wirklichkeit, indem er verschiedene Einzelphänomene auf ihr gemeinsames Wesen hin festlegt, während der Mythos gerade dem Einzelnen verpflichtet bleibt und von konkretem Geschehen erzählt. Dem Mythos bleibt der Charakter der Entgegennahme von Wirklichkeit zueigen, während im Logos der Mensch zur eigenen Gestaltung der Wirklichkeit erwacht.

Wir müssen hier darauf verzichten, uns auf eine eingehende Begriffsgeschichte der beiden Begriffsfelder einzulassen, auch wenn erst dadurch die notwendige Differenzierung in Erscheinung tritt. Es reicht hier aus, daß Mythos und Logos im Laufe der Geschichte immer mehr als Gotteswort und Menschenwort auseinandergetreten sind und das volle Erwachen der menschlichen Vernunft die Vernunfttätigkeit auf die doppelte Möglichkeit analytischen und synthetischen Denkens hin auslegte. In der mittelalterlichen Philosophie steht für den griechischen Logos jedenfalls eine Mehrzahl von lateinischen Begriffen zur Verfügung, von denen wir hier vor allem *ratio* und *intellectus* nennen, in der deutschen Sprache später *Verstand* und *Vernunft*. „Vernunft“ bleibt dabei im Grundverständnis dem „Vernehmen“ der Dinge näher als das aktive, rationale Nachrechnen und Verstehen der Dinge.

Wo die kritische Sonde logischen Denkens sich dann auch der mythischen Rede annahm, mußte es notwendigerweise zur Unterscheidung zwischen den gemeinten Inhalten und der menschlichen Sprachform kommen. Wir kennen diesen Vorgang neuzeitlich vor allem aus der von Rudolf Bultmann (1884–1976) initiierten Debatte um die sogenannte *„Entmythologisierung“* der Bibel. Für Bultmann stellte sich unter dem Einfluß des neuzeitlichen Weltbildes, wie es sich aufgrund der Ergebnisse naturwissenschaftlicher Entdeckungen herauskristallisierte, die Frage nach einer Entfernung der zeitbedingten Einkleidungen biblischer Erzähltexte und einer Neudeutung des gemeinten Inhalts. Die Neuinterpretation stand für ihn letztendlich unter dem Vorzeichen existentieller Bedeutsamkeit. Doch nicht darum geht es in diesem Zusammenhang, sondern um ein anderes: Im Sinne des genannten Schlagworts „Vom Mythos zum Logos“ war für viele Zeitgenossen „Entmythologisierung“ weniger ein Programm der Neuinterpretation mythischer Rede als vielmehr die Aufforderung, das Mythische schlechthin zu entfernen und zu überwinden.

– *„Religionsloses Christentum“:* Noch ein drittes Beispiel sei in Erinnerung gebracht. Es knüpft bei den Überlegungen Dietrich Bonhoeffers (1906–1945) an, die er in der Zeit seiner Gefangenschaft über den Fortgang der Zeit angestellt hat und die sich in seiner Briefsammlung *Widerstand und Ergebung* finden. In seinem Brief vom 30. April 1944 sieht er die Zeit einer völligen Religionslosigkeit hereinbrechen. Das Christentum erscheint ihm dabei als „Vorstufe“ dieser Religionslosigkeit. Er fragt sich dann, welche Konsequenzen das für die Kirche hat. „Gibt es religionslose Christen?“ Was bedeutet „ein christliches Leben in einer religionslosen Zeit“? Wie sprechen wir „weltlich“ von „Gott“? Die Frage nach einem „religionslosen Christentum“ hat

Bonhoeffer in den Tod begleitet und ist für ihn zu einer Frage intellektueller Redlichkeit geworden. Zu dieser Redlichkeit gehört für ihn, wie er in einem Brief vom 16. Juli 1944 schreibt, die Anerkennung der Einsicht, „daß wir in der Welt leben müssen ‚etsi Deus non daretur'", d. h. als gäbe es keinen Gott. Das aber geschieht für ihn *mit* dem „Gott, vor dem wir dauernd stehen": „Vor und mit Gott leben wir ohne Gott."

c) Orientierungspunkt?

Angesichts der skizzierten Entwicklung, die sich schließlich nicht nur als eine neue Gestalt des Denkens versteht, sondern einen neuen religionsfreien und gottlosen Menschen vor Augen hat, sind zwei Dinge zu bedenken:

– Hält man das Modell einer radikalen Ablösung der Religion durch eine ebenso radikal säkulare Haltung für richtig, so stellt sich die Frage nach den neuen Orientierungspunkten menschlichen Handelns.

– Es bleibt aber dann auch die andere Frage: Hält das in der abendländischen Welt vertretene Modell eines Fortschritts vom Mythos zum Logos, von Theologie und Philosophie zur Wissenschaft, von der Religion zur reinen gottlosen Säkularität der Wirklichkeit stand?

Für die abendländische Welt selbst läßt sich ein radikaler Wertewandel nicht übersehen. Er ist einmal dadurch bedingt, daß den Ansprüchen der konkreten Religion die gesellschaftliche Verbindlichkeit immer mehr abgesprochen wird. Zwar ist der Freiraum des Religiösen im allgemeinen und des Christlichen im besonderen – bei aller Betonung der Trennung von Kirche und Staat – in der Mehrzahl unserer europäischen Verfassungen gewährleistet, geschützt, oft sogar – wie in Deutschland – in einer Weise privilegiert, daß sich dagegen ein wachsender Widerstand zeigt.

Diese Seite gesellschaftlichen Verhaltens darf aber dann die andere Tatsache nicht übersehen lassen, daß die Einräumung eines privilegierten Eigenlebens sehr wohl zusammengeht mit der zuvor beschriebenen Grundhaltung der Säkularisierung und somit religiöse Autoritäten keine für die Gesamtgesellschaft verbindlich verfügende Norminstanzen darstellen. Religionslosigkeit besagt somit nicht, daß die Religion in der Gesellschaft fehlt, sondern daß ihr keine Allgemeinverbindlichkeit mehr im gesellschaftlichen Leben zukommt. Die Frage ist dann, was als Orientierungsinstanz an die Stelle der Religion tritt.

Das Problem, das in diesem Zusammenhang nicht grundsätzlich diskutiert werden kann, zeigt sich heute in der zunehmenden Bedeutung der ethischen Fragestellungen. War das Problem der Wissenschaften, zumal der Natur- und Technikwissenschaften, lange Zeit in theoretischer wie praktischer Hinsicht vorrangig ein Wissensproblem, so machen viele Anwendungsfälle wissenschaftlicher Erkenntnis heute deutlich, daß der Mensch nicht alles darf, was er kann. Wir erinnern an die Erkenntnisse im Bereich der Atomphysik, der Genforschung und anderer medizinischer Möglichkeiten, der Ökologie und Ökonomie, vermutlich auch der Weltraumforschung. Das Ergebnis ist, daß sich in vielen dieser verschiedenen Wissenschaften heute die Frage der Ethik dieser Wissenschaften stellt und nach den ethischen Verantwortungen der Atomphysiker, der Mediziner, der Ökologen usw. gefragt wird. In all diesen Feldern wird heute ein hohes Maß von Aporie sichtbar, die nach den Grundlagen ethisch verantwortbaren Verhaltens fragen läßt.

Daß die Wahrheit einer Sache wie eines Verhaltens bei aller Achtung vor demokratischen Prinzipien nicht quantitativ aufgrund von Abstimmungsergebnissen zu ermitteln ist und so auch nicht die unqualifizierte Größe *„Gesellschaft"* über sie entscheiden kann, ergibt sich nach wie vor zumindest für den nachdenklichen Menschen. Es kann somit auch die Anonymität des *„Man* (tut, sagt, meint etc.)" nicht über das entscheiden, was ethisch verantwortbar ist, wenngleich der Druck der sogenannten „öffentlichen Meinung" bei der Suche nach heutigen Orientierungspunkten nicht zu unterschätzen ist.

Nicht weniger schwierig ist die Orientierung an der menschlichen *Rationalität,* wenn das, was „vernünftig" ist, nicht noch einmal an dem abgelesen wird, was alle tun, sagen, meinen etc. Gewiß spielt die Menschlichkeit bzw. das wahre Menschsein, das *Humanum* in der Bestimmung des Ethischen eine wichtige Rolle. Doch was macht das wahre Menschsein aus? Bleiben wir in der Weltenzeit der Säkularität, so ergeben sich als Orientierungspunkte: neben mir der andere Mensch, die Ungeborenen und ihre Zukunft, aber auch der Respekt vor den Menschen, die „unnütz" erscheinen, Kranken, Alten, Behinderten. Wege der Orientierungssuche sind der Diskurs bzw. die gemeinsame Suche nach Verhaltensmaßstäben und -weisen, das Argument und die Konsensbemühung.

Es bleibt aber dann auch der ständige Verweis über die Grenzen eigenen Lebens hinaus. So verweisen die Begrenztheit der eigenen Zeit und des eigenen Raumes auf die Geschichte und die Tradition mit ihrem je eigenen Umgang mit den Fragen menschlichen Lebens. Für unsere eigene Zeit kommt hier hinzu, daß wir außer unseren eigenen Lösungsmöglichkeiten auch der Lösungen ansichtig werden können, die uns aus anderen Kulturräumen entgegengebracht werden. Ob wir es wollen oder nicht, – hier stoßen wir heute immer auch auf die Pluralität der Religionen, deren Lebensmächtigkeit dann zu einer entschiedenen Gegeninstanz gegen die abendländische These vom Absterben der Religion wird.

Meine eigene These geht dahin, daß wir das Christentum im Spannungsfeld von Säkularität und Religiosität zu sehen haben. Anders gesagt: Ich halte dafür, daß die europäische Fortschrittsthese, wie sie nach wie vor weithin verbreitet ist, angesichts des Pluralismus lebendiger Religionen in der heutigen Welt nicht aufrechtzuerhalten ist. Entsprechend stoßen wir inzwischen auch immer häufiger auf die These vom Wiedererstarken der Religion, zumindest der Religiosität.

2. *Religiosität*

a) „Religion"

Auch hier legen sich zunächst einige Beobachtungen zur Begriffsbestimmung nahe. „Religiosität" hat es mit der „Religion" zu tun. *„Religion"* ist von seinem Ursprung her ein Verhaltensbegriff, der erst in zweiter Linie zu einem Systembegriff geworden ist.

– *Verhaltensbegriff:* Bei Thomas von Aquin ist Religion die vom Menschen Gott gegenüber geschuldete Grundhaltung (S.th. II--II 122, 2). In diesem Sinne ist „Religion" für ihn ein ethischer Begriff, den er bei allen Unterscheidungen der Kardinaltugend der Gerechtigkeit zuordnet: Religion bezeichnet das, was vom Menschen schon aus Gründen der Gerechtigkeit Gott gegenüber geschuldet wird, in erster Linie die Gottesverehrung, den Kult. Anders gesagt: In diesem mittelalterlichen Verständnis ordnet die Religion den Menschen hin auf den Gott seines Heils.

– *Organisations- und Systembegriff:* Erst in zweiter Linie ist Religion zu einem Lehrsystem, zum Sammelbegriff für die Anhänger eines solchen Systems, damit zu einem Organisations- und Gesellschaftsbegriff, schließlich zum Ausdruck für die Summe religiöser Handlungen geworden. Wer heute „Religion" sagt, meint – wenn wir es am Christentum exemplifizieren – entweder die christliche Lehre bis hin zu dem, was wir atmosphärisch „Christentum" nennen, oder die Kirche als Organisation der Christen bzw. die „Christenheit" oder schließlich auch die sichtbaren Formen christlichen Lebens, die Feste, die lebensbegleitenden sakramentalen Vollzüge, – im Grunde all das, was binnenkirchlich mit der Dreiheit von *martyria* = Zeugnis, *koinonia* = Gemeinschaft und *diakonia* = Dienst bezeichnet wird, dann aber wesentlich in den Weltbereich hinein ausstrahlt. Wichtig ist aber, daß das Christentum selbst in der Tat nur noch *ein* Beispiel für solcher Art Organisationen ist: Jeder von uns weiß heute, daß es eine Mehrzahl von Religionen gibt. Verkürzt sprechen wir heute entsprechend von der „Begegnung der Religionen", wenn wir meinen, daß wir in unserem alltäglichen Leben immer wieder auf Menschen anderer religiöser Überzeugung, zumindest anderer religiöser Herkunft stoßen.

b) „Religion" ohne „Religiosität"?

Wo die Begriffe „Religion" und „Religionen" aber wesentlich für den objektivierten bzw. objektivierbaren Außenaspekt stehen und damit über die zuvor genannte religiöse Haltung des einzelnen Mitglieds nichts ausgemacht ist, stellt sich die Frage nach der in den Mitgliedern gelebten Innenseite von Religion neu. Wer diese Innenseite meint und damit die anfangs beschriebene Verhaltensseite wieder erreichen möchte, spricht heute zumeist von „Religiosität".

Hier machen wir nun immer häufiger die Beobachtung, daß „Religion" und „Religiosität" auseinanderfallen. Konkret heißt das, daß Menschen sich von ihrer Religion als Organisation lösen und doch die Religiosität nicht absprechen lassen. In unserem Land gilt das vor allem für viele, die heute aus der Kirche austreten. Religiosität als Innenseite des Lebens, vielfach auch heute durchaus noch als Gottesglaube, zumindest als Verbundenheit mit Göttlichem oder doch einer übermenschlichen, transzendenten Macht verstanden, macht dann ebenso wenig eine Kirchen- oder Religionsmitgliedschaft erforderlich wie eine menschliche Lebensgemeinschaft ohne Trauschein die Eheschließung.

Es ist im übrigen nicht zu leugnen, daß die Zeugen religiöser Vergangenheit in unseren Ländern oft genug einen museal-leblosen Eindruck machen. Viele alte Kirchen sind wirklich zu Sehenswürdigkeiten verkommen, ohne noch zur Einladung zum Gebet zu werden. Andere Kirchen sind und bleiben tagsüber verschlossen. Wieder andere erweisen sich als Verkehrshindernisse, werden umfunktioniert oder müssen Bedürfnissen der Stadtplanung weichen. Erfahrungen dieser Art, die wir in vielen Ländern Europas machen, fördern die Rede vom Absterben der Religion.

c) „Neue Religiosität"

25 Jahre nach einer ersten Umfrage zum Thema „Was glauben die Deutschen?" hat der SPIEGEL im Frühjahr 1992 durch EMNID Bielefeld eine zweite Umfrage zum Thema vornehmen lassen. Darin finden sich einmal unsere zuvor angestellten Überlegungen insofern in hohem Maße bestätigt, als 80% aller Befragten, 74% im Osten, 82% im Westen, 83% der Protestanten, 78% der Katholiken, 80% der Konfessionslosen vertreten, daß man Christ sein kann, ohne einer Kirche anzugehören, wäh-

rend nur noch 19% der gegenteiligen Ansicht sind und 1% sich nicht zur Frage äußert. Zugleich nimmt die Übereinstimmung des persönlichem Gottesglaubens mit dem christlichen Gottesglauben deutlich ab. Folgende Zahlen belegen das: Nur noch 37% aus der Gesamtzahl der Befragten über 14 Jahren sprechen von einem hohen Maß von Übereinstimmung, 52% von einem geringen Maß; 11% machen keine Angaben. Die Zahlen variieren verständlicherweise mit dem Maß der Bindung an die Kirchen, wie sie etwa im Besuch des Sonntagsgottesdiensts Ausdruck findet.

Die Befragungen bestätigen jedenfalls, daß sich die zeitgenössische Religiosität wandelt. Dieser Wandel ist in den Blick der breiteren Öffentlichkeit auf doppelte Weise getreten: einmal durch das Auftreten der sogenannten „Jugendreligionen“ Anfang der 70er Jahre, die in einer stärker verobjektivierenden Terminologie inzwischen als „neureligöse Bewegungen“ angesprochen werden, sodann – unabhängig vom Auftreten nichtchristlicher religiöser Gruppierungen – in Phänomen des sogenannten „New Age“.

– *„Jugendreligionen“:* Die Bezeichnung „Jugendreligionen“ rührte daher, daß die damit bezeichneten Gruppen zumeist aus der amerikanischen Jugendszene der 60er Jahre nach Europa kamen, dann auch hier unter Jugendlichen ihr erstes Verbreitungsfeld fanden und schließlich diese zunächst auch zu ihrer vorzüglichen Zielgruppe machten. Es ging dabei vor allem um indische Gruppen wie die Hare Krishna, die TM („Transzendentale Meditation“) des Maharishi Yogi, später die Bhagwan-Bewegung, sodann auch die koreanische Vereinigungskirche des Reverend Moon sowie die Scientology Church, um nur einige Beispiele zu nennen. Die zahlenmäßige Verbreitung dieser Gruppen war und ist bis heute vergleichsweise gering. Dennoch ist ihr gesellschaftlicher Einfluß unübersehbar. Er hat eher noch gewonnen, wenn man beachtet, daß sich für viele dieser Gruppen nach dem Zusammenbruch des osteuropäischen Gesellschaftsystems in den östlichen Ländern ein neues Betätigungsfeld aufgetan hat.

Die Faszination der genannten Gruppen läßt sich in der Regel in drei Punkten zusammenfassen: (1) Sie fühlen sich – angesichts der fehlenden Vorbilder und Orientierungsgestalten – ihrerseits einer zentralen Gründer- bzw. Führergestalt verpflichtet. (2) Sie bieten – im Gegensatz zur stark dogmatisch-lehrhaften Ausrichtung christlicher Unterweisung – vielfach ein eher undogmatisches und dafür ausgesprochen praktisches Lebensprogramm. (3) Sie verbreiten – gegenüber dem verbreiteten Eindruck der anonymen Großkirchen Europas – in ihrer Kleinheit Nestwärme und damit zugleich ein neues Gemeinschaftsgefühl. Faszinationsmomente dieser Art deuten zugleich auf Defizite der in einer Gesellschaft vorherrschenden Religion, bei uns also des Christentums hin.

– *„New Age“:* Mit „New Age“ wird der Blick nicht mehr auf bestimmte Gruppen gelenkt, sondern die Zeit beschrieben, in der wir heute religiös leben. Zwar bedeutet „New Age“ in englischer Sprache nichts anderes als „Neuzeit“, doch ist sie nicht mit der uns bekannten „Neuzeit“ zu identifizieren; vielmehr führt sie diese zumindest im Sinne einer neuen Etappe weiter. Gegenüber der „klassischen“ abendländischen Neuzeit ist sie „alternativ“ zu nennen. Weitere Kennzeichnungen sind in den Stichworten „ganzheitlich/integral“ und „gnostisch-spirituell“ gegeben.

Gegen eine in die Irre gegangene Vernunft und Rationalität und ihre praktischen Folgen im Umgang mit der Natur und ihren Ressourcen, in der Bedrohung der Menschheit durch mörderische Kriege, aber auch einen immer weiter sich steigernden Konsum gibt es den Ruf nach *„alternativem Leben"*, nach Ausstieg, nach neuen Formen des Biologischen und Natürlichen, nach neuem Bewußtsein. Die Alternative zur Rationalität kann aber nicht Irrationalität heißen, die Alternative zu einem einseitig von den Naturwissenschaften beherrschten Weltbild nicht in der Wiederherstellung des mythischen Weltbildes bestehen, die Alternative zu einer von den Göttern befreiten und zum Material menschlicher Selbstverwirklichung degradierten Welt nicht die „Wiederverzauberung der Welt" (G.Schiwy) sein.

Der Ruf nach dem *Ganzen* erhebt sich vor allem gegen die Vorherrschaft der Einzelperspektive und des ausgeprägten Spezialistentums. In diesem Sinne ist die Rede von holistischem Denken und integralem Bewußtsein. Wo die Erkenntnis des Ganzen unter dem Einsatz analytischen Denkens verrinnt und das Ganze sich dem menschlichen Begriff und Begreifen entzieht, werden „ergänzende" Wege der Wirklichkeitserfassung interessant. Solche Wege streben nach innen, ins Verborgene und Sprachlose, bedienen sich der Intuition und Meditation. Mit einer eher negativen Konnotation wird von diesem Bereich gesprochen, wo von Esoterik und Okkultem die Rede ist.

Da viele Einübungen in die Wahrnehmung des Verborgenen mit Wortlosigkeit verbunden und die Übenden folglich an tatsächlich oder vermeintlich Wissende – Führer, Gurus, Meister – verwiesen sind, kommt den Kriterien, nach denen Praktiken und Unterweisende beurteilt werden können, immer größere Bedeutung zu. Häufig entziehen sich esoterische Gruppen dem Einblick von außen. Vielfach sind sie heute organisatorisch auch kaum wahrnehmbar. „Unerfahrenen" wird der Einblick zudem verwehrt, so daß im Extremfall neue Arkandisziplinen entstehen.

Die Kehrseite der nach Ganzheit strebenden Einstellung ist der *Synkretismus* bzw. die unterschiedslose Identifikation der Religionen als Wege in die heilende All-Einheit. Doppel- und Mehrfachmitgliedschaften in Religionen sind inzwischen ebenfalls feststellbar.

Heil, Orientierung am Umfassenden, Suche nach dem tragenden Grund sind aber Kategorien des Religiösen. Daß sich mit „New Age" – im Gegensatz zur Erwartung einer sich verschärfenden Säkularisierung, Religions- und Gottlosigkeit – eine neue Religiosität verbindet, ist unbestritten. In diesem Sinne erhält auch das Stichwort *„Spiritualität"* ein neues Heimatrecht; der Begriff gehört jedenfalls zu denen, die das Christentum zu verlieren droht. Denn in dem Maße, als der Geist des Unbegreiflichen und Umfassenden eher unpersönlich und antlitzlos die Welt durchlebt, wird er nicht als der in die Entscheidung rufende Geist Christi erkannt, sondern als die Mikro- wie Makrokosmos durchwehende Dynamik, Energie und Lebenskraft, als der gemeinsame mystische Urgrund des Universums. Ein neuer Pantheismus sagt sich an.

Das Gesetz dieser Welt aber will „erkannt" werden. Die wahre „Erkenntnis" oder – in der traditionellen Sprache formuliert: – *„Gnosis"* gehört ebenfalls zu den Leitmotiven der neuen Zeit. Die Zwiespältigkeit dieses Begriffs ruft dringend nach Klärung.

Erstes Zwischenergebnis

1. Das Christentum ist nicht tot, verliert aber in der Gegenwartsgesellschaft zusehends an normativer Kraft.

2. Die Erwartung, daß sich die christliche Religion im besonderen und die Religion im allgemeinen in ein radikal säkularisiertes Denken hinein auflöst, zumindest aufhebt, hat sich nicht erfüllt.

3. Religion lebt in traditioneller Religiosität ebenso

weiter wie in Gestalten einer neuen alternativen Religiosität, die sich aus vielen Quellen speist, in diesem Sinne – schon rein deskriptiv – „synkretistisch“ zu nennen ist.

Das Ergebnis ruft nach einer genaueren Bestimmung jener Gründe, die zu der in Phänomenen vorgestellten neuen Situation geführt hat.

Literaturhinweise

G. BACHL, Mythos, in: U. RUH – D. SEEBER – R. WALTER (Hrsg.), Handwörterbuch religiöser Gegenwartsfragen, Freiburg 1986, 289–293.

D. BONHOEFFER, Widerstand und Ergebung, München 1951 (seither zahlreiche Auflagen).

R. BULTMANN, Neues Testament und Mythologie. Das Problem der Entmythologisierung der neutestamentlichen Verkündigung, in: H. W. BARTSCH (Hrsg.), Kerygma und Mythos I, Hamburg 1948, 15–48.

A. COMTE, Die Soziologie. Die Positive Philosophie im Auszug, Stuttgart 1974.

J. FIGL, Säkularisierung, in: P. EICHER (Hrsg.), Neues Handbuch theologischer Grundbegriffe, München ^{2}1991, Bd. 4, 431–440.

B. GROM, Esoterik, in: U. RUH u. a. (Hrsg.), a. a. O. 89–93.

R. HUMMEL, Östliche Religiosität, ebd. 339–343.

DERS., Synkretismus, ebd. 457–462.

W. KERBER (Hrsg.), Säkularisierung und Wertewandel, München 1986.

J. B. METZ, Zur Theologie der Welt, Mainz 1968.

W. RABERGER, Mythos, in: P. EICHER (Hrsg.), a. a. O. Bd. 3, 419–430.

A. RESCH, Okkultismus, in: U. RUH u. a. (Hrsg.), a. a. O. 320–324.

DERS., Säkularität und Säkularismus, ebd. 414–418.

U. RUH, Säkularisierung als Interpretationskategorie, Freiburg 1980.

D. SEEBER, Wertewandel, in: U. RUH u. a. (Hrsg.), a. a. O. 488–493.

H. WALDENFELS, Begegnung der Religionen. Theologische Versuche I, Bonn 1990.

DERS., Kontextuelle Fundamentaltheologie, Paderborn ^{2}1988.

DERS., Religionsverständndis, in: P. EICHER (Hrsg.), a. a. O. Bd. 4, 412–421.

II

Von der europäisch-christlichen Neuzeit zur postchristlichen Moderne

Fallbeispiel „Entdeckung Amerikas"
Der Beginn der abendländischen Neuzeit läßt sich an verschienen Daten festmachen. Eines davon ist der 12. Oktober 1492, an dem Christoph Kolumbus (1451–1506) auf der von der einheimischen Bevölkerung Guanahani genannten Bahamainsel landete und – wie es jahrhundertelang bei uns hieß – Amerika „entdeckte". Wenn etwas den erneuten Wandel der Geschichte markiert, so ist es der heutige kritische Umgang mit diesem Datum. Beherrschte die Erinnerung an dieses Ereignis vor 100 Jahren noch eindeutig der Jubel über die Entdeckung, so ist an dessen Stelle heute eine Stimmung der Nachdenklichkeit, der Ratlosigkeit, stellenweise auch des Entsetzens getreten.

Stärker als das Bewußtsein der Entdeckung ist das Wissen um die *Conquista,* die Eroberung der Kontinente und die Unterdrückung der Völker, die Zerstörung der Kulturen und die Ausbeutung der Schätze dieser Länder, geworden. Der am 16. November 1989 in El Salvador ermordete Jesuit Ignacio Ellacuría fragt denn auch: *„Descubrimiento o Encumbrimiento?"* „Entdeckung oder Verdeckung?" Und Georg Christoph Lichtenberg möchte die Rede von der Entdeckung, die die Europäer machten, umkehren und von der „bösen Entdeckung" sprechen, die die Amerikaner machten, als sie zum ersten Mal mit Kolumbus und anderen Europäern in Berührung kamen. Es paßt in diesen Zusammenhang, wenn vor 100 Jahren noch erwogen wurde, ob nicht Kolumbus seligzusprechen sei, während heute nicht wenige ihn noch nachträglich zur Rechenschaft ziehen wollen.

Die Zweideutigkeit, die heute auf dem Quinto Centenario lastet, wird zu einer doppelten Rückfrage an Europa und das Christentum. Tatsächlich führt sie dahin, daß am Ende unseres Jahrtausends beide – Europa und das Christentum – in ihrer damals angestrebten und erreichten Stellung in der Welt in Frage gestellt werden. Noch deutlicher gesagt: Eurozentrik wie Absolutheitsanspruch des Christentums werden heute weithin in gleicher Weise abgelehnt. Damit aber kommt eine Zeitenwende in den Blick, die ich als Übergang von der „europäisch-christlichen Neuzeit" zur „postchristlichen Moderne" beschreiben möchte. Je nach Blickwinkel bezeichnen die beiden Begriffe zwei Etappen eines einheitlichen Zeitalters oder aber auch zwei einander ablösende Zeitalter. Ich selbst neige zur ersten Sicht. Im übrigen wollen die beiden Benennungen darauf aufmerksam machen, daß es in unserer Überlegung wesentlich um die Rolle des Christentums im Wandel dieser Zeit geht.

1. „Neuzeit"

a) Wahl der Bezeichnung

Solange fremde Welten nicht in den Blick gekommen waren, war der Ort der Neuzeit eindeutig. Die „Neuzeit" wurde reklamiert für den Bereich des „Römischen Reichs Deutscher Nation", die (zentral-)europäische, zumal die abendländische, vom Christentum geprägte Welt. Die zwei letzten Erläuterungen implizieren gewisse Einschränkungen: (1) Die morgenländische Welt mit dem orientalischen Christentum blieb nach der Kirchenspaltung von 1054 eher peripher. (2) Die islamische Welt war demgegenüber ebenfalls marginal, aber zugleich eine bleibend feindliche Welt.

„Neuzeit“ grenzte zeitlich gegen das sogenannte „Mittelalter“ ab. Der Begriff wurde bereits im 15. Jahrhundert im Rahmen des europäischen Geschichtsverständnisses verwendet. Als sich der Einflußraum Europas durch die Entdeckung der anderen Kontinente und infolge der Kolonisierungspolitik der europäischen Staaten erweiterte, wurde er mit großer Selbstverständlichkeit auf die neue Welt übertragen und dann bis in unsere Zeit ganz allgemein als Periodisierungsbegriff üblich.

Die Zäsur zwischen Mittelalter und Neuzeit wurde in der Folgezeit mit verschiedenen Ereignissen verbunden. Zu diesen wurden gezählt:

- die Entdeckung der Buchdruckerkunst durch Johannes Gutenberg (1397/1400–1468),
- die schon erwähnte Entdeckung Amerikas durch Kolumbus 1492,
- der Beginn der Reformation durch Martin Luther (1483–1546) im Jahre 1517,
- die Vorstellung des heliozentrischen Weltbildes durch Kopernikus (1473–1543) in seiner Denkschrift *De hypothesibus motuum coelestium commentariolus* aus dem Jahre 1514,
- die Eroberung Konstantinopels 1453 durch die Osmanen.

Verbindet man die verschiedenen Ereignisse miteinander, kann man von einer *„Schwellenzeit“* zwischen 1450 und 1500 sprechen, die den Übergang vom Mittelalter zur Neuzeit markiert.

Die genannten Ereignisse weisen aber zugleich auf die Felder hin, die in der Folgezeit zu Problemfeldern geworden sind:

- die Mündigkeit der lesefähig werdenden Bürger gegenüber der kirchlichen Autorität,
- die fremden Völker und Kulturen gegenüber der einen Kultur Europas,
- die Spaltung der Christenheit und die Konsequenzen für die Einheit der Kirche,
- das neue Weltbild und die naturwissenschaftlichen Methoden gegenüber der biblischen Autorität und dem Anspruch der kirchlichen Lehrautorität,
- die bleibende Bedrohung des christlichen Absolutheits- und Wahrheitsanspruchs durch den Islam, später auch durch die Religionen Asiens und der übrigen Welt.

b) Anthropozentrik

Fragt man nach dem „Neuen" dieser Neuzeit, so ist ein zentrales Moment die Wende von einem theozentrischen zu einem anthropozentrischen Weltbild. Diese Wende läßt sich exemplarisch an einigen Leitmotiven festmachen. Wir wählen drei davon aus: das neue Ich-Bewußtsein, die Aufklärung, den Gotteskomplex.

– *„Cogito ergo sum":* Im Anschluß an seine *Meditationes de prima philosophia* (1641) wird René Descartes (1596–1650) mit dem Satz *„Cogito ergo sum"* zitiert. Die Gewißheit menschlicher Existenz wird hier festgemacht an einem unbezweifelbaren und damit unleugbaren Wissen des Menschen um sein eigenes Ich. In der Wahrnehmung des zweifelnden Ich löst sich der existentielle Zweifel auf. Das ist der entscheidende Ausgangspunkt, von dem aus sich menschliches Denken extrapolierend zu aller weiteren Realität vorantastet. Das gilt auch für die Gottesfrage.

So wenig Descartes als gläubiger Katholik Gott leugnet, so folgenschwer ist es dennoch, daß das Ego für ihn zum Ort der Anwesenheit überhaupt und folglich auch der Anwesenheit Gottes wird. Eberhard Jüngel hat in seinem Werk *Gott als Geheimnis der Welt* auf die schwerwiegenden Folgen dieses Denkansatzes aufmerksam gemacht. Denn mehr und mehr wird Gott im weiteren Verlauf der Geschichte konsequenterweise zu einem „Moment im Selbstvollzug des Menschen“, bis daß er am Ende – bei Feuerbach, Marx, Freud u. a. – zu einer reinen Projektion des Menschen wird.

Was bei Descartes seinen Anfang nimmt, hat in den folgenden Jahrhunderten der Neuzeit somit dort seine Fortsetzung gefunden, wo das Ego des Menschen zur emanzipierten, eines Gottesgedanken unbedürftigen und schließlich unfähigen Subjektivität heranwuchs. Bereits der Zeitgenosse Descartes‘ Blaise Pascal (1623–1662) erkannte, daß bei Descartes Gott an den Rand seines Denkens abdriftete, und widersetzte sich dem.

– *„Aufklärung“:* Von Immanuel Kant (1724–1804) stammt die klassische Umschreibung der Aufklärung:

> Aufklärung ist der Ausgang des Menschen aus seiner selbst verschuldeten Unmündigkeit. Unmündigkeit ist das Unvermögen, sich seines Verstandes ohne Leitung eines anderen zu bedienen. Selbstverschuldet ist diese Unmündigkeit, wenn die Ursache derselben nicht am Mangel des Verstandes, sondern der Entschließung und des Mutes liegt, sich seiner ohne Leitung eines andern zu bedienen. Sapere aude! Habe Mut, dich deines eigenen Verstandes zu bedienen! ist also der Wahlspruch der Aufklärung.

In der Betonung der Autonomie steht die Aufklärung im bewußten Gegensatz zu den verschiedenen Weisen der Fremdbestimmung, zur Tradition, letztendlich zum Anspruch der Offenbarungsreligion, eine nicht an der Vernunft zu bemessende, sondern vielmehr deren Wirken bemessende Instanz zu sein. Daß das Christentum am Ende der Neuzeit der Aufklärung mit dem eigenen Anspruch begegnet, daß die göttliche Offenbarung „die wahre Aufklärung" sei und „Offenbarung" selbst zur Schlüsselkategorie des christlichen Selbstverständnisses wurde, sollte nicht übersehen werden. Doch geriet das Christentum unter dem Eindruck des mit der Aufklärung propagierten menschlichen Vernunftanspruchs selbst immer mehr in eine deutliche Abwehrposition. Das führte zugleich dahin, daß es sich gegen einen fortschreitenden vernunftbedingten Erkenntnisprozeß und eine gleichfalls zunehmende eigenmächtige Selbstverfügung stemmte, aber damit zugleich immer mehr hinter dem jeweils neuen Erkenntnis- und Verfügungsstand herlief, ohne zugleich auf der Höhe der jeweiligen Zeit zu sein.

– *„Gotteskomplex":* Inzwischen hat die neuzeitliche Aufklärung selbst ihre kritische Phase erreicht. Mehr und mehr wird sie in ihren eigenen geschichtlichen Bedingtheiten, damit in ihrer Begrenztheit und, wo sie zum Scheitern verurteilt war, auch in ihrer Naivität entlarvt. Horst Eberhard Richter hat in einer kritischen Reflexion auf die Geschichte der abendländischen Neuzeit diese als eine „Geschichte der Illusion von der menschlichen Allmacht" beschrieben und das Ergebnis sozialanalytisch einen *„Gotteskomplex"* genannt. Danach hätte sich der abendländische Mensch mit zunehmender Entfernung vom Mittelalter so sehr von Gott entfremdet, daß er versucht, sich selbst an die Stelle Gottes zu setzen. Anthropozentrik besagt dann Egozentrik in vielfacher Gestalt. Vor allem hat den Menschen Gottes Mächtigkeit, seine Allmacht, beeindruckt. Folglich ist er seither bemüht, selbst allmächtig zu werden und Gott in seiner Allmacht zu beerben.

In der Konsequenz dieser Haltung liegt es, daß die

Logik des Herzens der Logik des Kopfes unterliegt. Allmächtigkeit findet dann ihren ersten Ausdruck im Griff nach der Unendlichkeit der Außenwelt. Dieser wiederum geht mit einer gleichzeitigen Verödung des Innen Hand in Hand. Die Welt des Gefühls verarmt, die Vorherrschaft des Männlichen verdrängt den Einfluß des Weiblichen und des Umfassend-Menschlichen. Die betonte Aktivität des Menschen macht ihn zugleich eher leidensunfähig. Das wiederum führt dahin, daß alles Leidende marginalisiert, am Ende als Lebensuntüchtigkeit verachtet, wenn nicht gar vernichtet wird.

Die sozial- bzw. kulturanalytische Untersuchung Richters betrifft – wie zuvor gesagt – den abendländischen Menschen, wie er sich am Ende der Neuzeit darstellt. Was Richter abschließend an Therapievorschlägen bietet, ist zweifellos bedenkenswert, soll aber hier schon deshalb nicht weiterverfolgt werden, weil es kulturimmanent entwickelt wird, damit aber dem Wechsel der Zeitepoche nur teilweise gerecht wird.

c) „Ende der Neuzeit“

Ehe wir die neue Zeitepoche selbst in den Blick nehmen, soll zuvor dem Stichwort „Ende der Neuzeit“ nachgedacht werden, wie es Romano Guardini (1885–1968) bereits vor 40 Jahren getan hat. Freilich war er nicht der erste, der das Ende der Neuzeit ansagte. Schon in der Zeit des 1. Weltkriegs verfaßte Oswald Spengler (1880–1936) sein zumindest schlagwortartig immer wieder zitiertes zweibändiges Werk *Der Untergang des Abendlandes* (1918–22).

R. Guardini macht seine Sicht der Zeit an drei Stichworten fest: Natur – Subjektivität – Kultur. Sie heben den neuzeitlichen vom mittelalterlichen Menschen ab, bilden aber zugleich jene Markierungspunkte, an denen sich das Ende der Neuzeit festmachen läßt:

– *Natur:* Die Natur, die in der Neuzeit noch göttliche Verehrung und staunende Bewunderung auf sich zog, verfällt unter dem Einfluß technischer Zugriffsmöglichkeiten zum Material menschlichen Schaffens. Kritisch bemerkt Guardini:

> Die Neuzeit liebte es, die Maßnahmen der Technik mit ihrem Nutzen für die Wohlfahrt des Menschen zu begründen. Damit deckte sie die Verwüstungen zu, welche ihre Skrupellosigkeit anrichtete. Die kommende Zeit wird, glaube ich, anders reden. Der Mensch, der sie trägt, weiß, daß es in der Technik letztlich weder um Nutzen noch um Wohlfahrt geht, sondern um Herrschaft; um eine Herrschaft im äußersten Sinn des Wortes, sich ausdrückend in einer neuen Weltgestalt.

– *Subjektivität:* Die Subjektivität des Menschen, die auf der Individualität, der Persönlichkeit und damit auf der Würde des einzelnen Menschen bestand, verliert sich in der Masse und der Vermassung, wird verplant und verwaltet, wird eingesetzt als Funktion eines technischen Apparats. Auch hier ergibt sich als wesentliche Konsequenz die Frage nach dem Umgang mit Macht und Mächten. Wo der Mensch seinen Weltauftrag nicht mehr als Mensch zu erfüllen vermag, besteht die Gefahr, daß er von den Es-Mächten überschwemmt wird. Guardini spricht parallel zu einer „nicht-natürlichen Natur“ vom „nicht-humanen Menschen“, wobei „nicht-human“ nicht als sittliches Urteil verstanden wird, sondern als zeitgeschichtlich-diagnostische Aussage.

– *Kultur:* Der Wandel zeigt sich schließlich an einem veränderten Kulturverständnis, das wesentlich von reduzierten, falschen Menschenbildern bestimmt ist. An die Stelle eines umfassenden, den Menschen vom Geistigen her verstehenden Menschenbildes treten partielle, aus einzelwissenschaftlichen Perspektiven abgeleitete Menschenbilder wie das materialistisch-darwinistische, das biologische, das psychologische und soziologische. Jedes von ihnen betrifft bestimmte Seiten des Menschen, aber nicht den Menschen schlechthin:

> Den Menschen der neuzeitlichen Anschauung gibt es nicht. Immerfort macht sie den Versuch, ihn in Kategorien einzuschließen, in die er nicht gehört: mechanische, biologische, psychologische, soziologische – alles Variationen des Grundwillens, aus ihm ein Wesen zu machen, das „Natur“ ist, und sei es Geistnatur. Nur eines sieht sie nicht, was er doch zuerst und unbedingt ist: endliche Person, die als solche existiert, auch wenn sie es nicht will, auch wenn sie ihr eigenes Wesen leugnet. Angerufen von Gott, in Begegnung mit den Dingen und mit den anderen Personen. Person, welche die herrliche und furchtbare Freiheit hat, die Welt bewahren oder zerstören, ja sich selbst behaupten und erfüllen, oder preisgeben und zugrunde richten zu können. Und letzteres nicht als notwendiges Element in einem überpersönlichen Prozeß, sondern als etwas wirklich Negatives, vermeidbar und zutiefst sinnlos.

Auch in dieser Kulturbetrachtung besteht die höchste Gefährdung des Menschen in seinem Umgang mit der Macht, zumal der neuzeitliche Mensch jede Zunahme an Macht für einen Fortschritt, eine Erhöhung der Sicherheit, des Nutzens, der Wohlfahrt und der Lebenskraft hält. Die Gefahr ist umso größer, als die Möglichkeiten des Machtmißbrauchs ständig wachsen und ein wirksames Ethos des Machtgebrauchs nicht entwickelt ist.

Damit hat Guardini zu seiner Zeit im Grunde dasselbe Ergebnis erreicht, daß wir Jahrzehnte später bei Richter gefunden haben. Der abendländische Mensch hat sich einerseits aus dem mittelalterlichen Ordnungsgefüge befreit, insofern als er sich selbst immer mehr in die Rolle des Herrn der Schöpfung hineinentwickelt und dabei am Ende an die Stelle Gottes gesetzt hat. Andererseits wird in der Konsequenz dieses Ansatzes der Mensch an der Macht, die er gewonnen hat, aber nicht kontrollieren kann, krank. Er verliert sich selbst in seinem Wesen und zerstreut sich in die Vielfalt von Aspekten und Perspektiven, die er nicht mehr zu sammeln versteht, weil er seine Mitte verloren hat. In diesem Sinne ist auch Hans Sedlmayrs Werk *Verlust der Mitte* (1948) unter die zeitdiagnostischen Werke einzureihen.

Wie Richter endet auch Guardini in Anstößen für eine erneuerte Haltung des Menschen zur Welt. Bei Richter sind sie beschrieben als Aufruf zur Selbstkritik der Angepaßten, Befreiung der korrumpierten Liebe, Bejahung des Sterbens als Bedingung für den Untergang des Gotteskomplexes und die Gewinnung eines Maßes zwischen Ohnmacht und Macht, Sympathie als Disposition für Solidarität und Gerechtigkeit, Vertrauen, als bedachten Umgang mit Machen und Macht. Guardini fordert seinerseits den „Ernst, der die Wahrheit will", Tapferkeit als Bereitschaft, sich der Gefahr eines neuen Chaos zu stellen, und im übrigen Askese, Entsagung, Unterscheidung von Recht und Unrecht, von Ziel und Mittel, Maßhaltung. Beide verbleiben aber damit innerhalb des beschriebenen Kulturkreises. Sie erkennen noch nicht, daß es am „Ende der Neuzeit" nicht ausreicht, die individuelle Haltung zu ändern oder zu erneuern, sondern daß notwendigerweise die neue Zeit in ihren charakteristischen Zügen bedacht werden will. Anders gesagt: Es muß deutlich gemacht werden, daß die mit dem „Ende der Neuzeit" hereinbrechende neue Zeit nicht einfach eine Fortsetzung der voraufgehenden Epoche ist.

2. *„Postchristliche Moderne"*

a) Begriffswahl

Die neue Zeitepoche hat eine Mehrzahl von Namen, unter denen in der Diskussion sich vor allem „Postmoderne" durchgesetzt hat. Die Bezeichnung der neuangebrochenen Zeit als „postchristliche Moderne" soll dagegen folgende Akzente setzen: Während die ersten Jahrhunderte der sogenannten Neuzeit in Europa wesentlich vom europäischen Denken und damit – in Zustimmung oder Ablehnung – eine vom christlichen Denken bestimmte Zeit war, tritt in der 2.Hälfte unseres Jahrhunderts in immer stärkerem Maße eine Welt ins Bewußtsein, die wir mit Johann Baptist Metz u. a. „kulturell polyzentrisch" nennen können. Diese neue Situation ist von zwei Momenten wesentlich geprägt:

– *Pluralität:* Auf den verschiedensten Ebenen menschlichen wie gesellschaftlichen Lebens begegnen wir *existentiell* dem *Pluralismus:* der Vielzahl der Sprachen, der Denkweisen, der Gesellschaftsformen, der Wirtschaftssysteme, der politischen Optionen, inzwischen aber auch der Kulturen und Religionen.

– *Kein Monopolanspruch:* Dem entspricht ein starker Widerstand gegen den Alleinherrschaftsanspruch bestimmter Richtungen in Wirtschaft und Politik, Kultur und Religion. Betroffen ist nicht zuletzt auch das, was als „Absolutheitsanspruch des Christentums" diskutiert wird.

„Postchristliche Moderne" besagt in diesem Sinne: Wir leben in einer Zeit und Welt, in der das Christentum angesichts des vielschichtigen Pluralismus aufgehört hat, positiv oder negativ als die umfassende Norminstanz angesehen zu werden und stattdessen – konkurrierend mit anderen Normgebern – zu *einer* Instanz unter anderen geworden ist.

Das sei in einigen Punkten noch etwas genauer erläutert:

1. „Postchristliche Moderne" bestimmt die neue Zeitepoche aus der Perspektive des Europäers für den Europäer. Dieser muß sich mit der neuen Situation zunächst im Hinblick auf sich selbst und seine Geschichte vertraut machen. Religiös muß dann in diesem Zusammenhang das Christentum vorkommen, zumal es in Europa bislang – im Positiv wie im Negativ – die kulturbeherrschende Religion war. In diesem Sinne sollten Europäer nicht vergessen, daß selbst da, wo sie sich nicht mehr zum Christentum als Lebensmacht bekennen, sie am Christentum als zentralem Kulturfaktor bis auf weiteres nicht vorbeikommen. Wer in der Konkurrenz der Kulturen bestehen will, kommt daher nicht umhin, sich mit dem Christentum wenigstens als Faktor der europäischen Kulturgeschichte zu befassen.

2. *„Nachchristlich"* meint weder, daß das Christentum abgeschafft ist, noch, daß es seinen Anspruch verloren hat. Jedoch hat sich die Adressatensituation völlig verändert. Die Bereitschaft zur Akzeptanz ist in Zukunft weder milieuhaft gesichert, noch kann das Christentum – auf die Dauer – mit der Unterstützung durch gesellschaftliche Privilegien rechnen. Die gesellschaftliche Distanz zwischen Staat und Kirche wird in der Zukunft im Sinne des früher beschriebenen Säkularisierungsprozesses eher zunehmen.

Die neue Situation darf aber dann nicht allein negativ unter dem Aspekt eines Verlustes gegenüber der Vergangenheit angesehen werden; vielmehr ist auch zu bedenken, welche Chancen die veränderte Situation enthält. Dazu aber ist erforderlich, daß das Christentum sein eigenes Verhältnis zur Kultur, genauer: zur Vielfalt der Kulturen, damit auch zu den anderen Religionen überprüft. Was ansatzhaft im 2. Vatikanischen Konzil eingeleitet worden ist, muß entschieden und mutig in Zukunft weitergeführt und fortgesetzt werden.

3. Auch wird die neue Epoche bewußt – im Gegensatz zur verbreiteten Rede von der „Postmodernen“ – *„Moderne“* genannt. Europäisch verstehe ich die neue Zeitepoche nicht einfach als „Ende der Neuzeit“ oder als „Untergang des Abendlandes“. Es geht mir vielmehr auch um die Tatsache, daß – in positiver wie in negativer Weise – der europäische Geist in der hinter uns liegenden Periode der Neuzeit bis zu den „Enden der Erde“, d. h. bis zu den Grenzen unseres Planeten, ja selbst darüber hinaus vorgedrungen ist. Hier aber lebt Europa dann auf eigene Weise weiter. Zu seiner eigenen Wirkungsgeschichte, seiner Rationalität, seinem Denken, seinen Handlungsprinzipien muß Europa auch in Zukunft stehen. Was gut ist, soll es auch weiterhin in das Konzert der Völker einbringen.

Gewiß bestehen die verschiedensten Völker, auch die kleinsten der Erde, inzwischen auf der Anerkennung ihrer Identität. Dennoch kann nicht geleugnet werden, daß niemals auf der ganzen Erde das Bewußtsein, in *einer* Welt zu leben, so stark war wie heute. Diese Einheit der Welt ist aber *faktisch* eine Konsequenz der europäischen Eroberungszüge und damit des europäischen Einflusses. Die heute spürbare Spannung zwischen Einheit und Vielheit der Völker kann nach wie vor letztendlich nicht ohne Europa definiert werden. Sie ist vielmehr bleibend mit den Errungenschaften des abendländischen Geistes – positiv wie negativ – verknüpft. „Moderne“ besagt in diesem Sinne ein Bekenntnis zum Segen und Fluch der gemeinsamen Geschichte. Es sollte nicht durch die Flucht in eine wie immer geartete „Postmoderne“ überspielt werden.

4. An dieser Stelle darf schließlich der Zusammenhang von *Christentum und Moderne* nicht übersehen

werden. Gerade weil das Christentum zu den Grundpfeilern auch der abendländischen Neuzeit gehört, verfällt es überall dort, wo Europa kritisiert wird, gleichfalls der Kritik. Das europäische Christentum trägt folglich auf seine Weise mit an der Last und am Segen Europas.

Dieser Zustand ändert sich erst da, wo Europa und das Christentum nicht mehr einfachhin zusammengedacht werden. Der Wandlungsprozeß der Kirche zu einer wahren Weltkirche, in der sich lokalkirchliche Gestaltungen und universalkirchliche Identität in einer gesunden Spannung miteinander befinden und auch den kulturellen Eigenheiten der Völker der ihnen gebührende Platz eingeräumt wird, ist ein Wegweiser in diese Richtung. Der Prozeß führt aber nicht ohne einen tiefgreifenden Perspektivenwechsel zum Ziel.

b) Der Standpunkt des Fremden

War der zentrale Ausgangs- und Standpunkt des neuzeitlichen Menschen seit Descartes das menschliche Ich, so wechselt in der Öffnung auf die Polyzentrik der Welt der Standpunkt radikal. In gewissem Sinne erreicht die kartesianische Wende zum Ego als Subjekt ihrerseits dort einen Wendepunkt, wo der Fremde als Fremder bzw. der Andere als Anderer zur Provokation wird, von ihm, dem Fremden bzw. Anderen her, zu denken.

Inzwischen läßt sich eine Geschichte der Metamorphosen des *Cogito ergo sum* schreiben. Franz Baader (1765–1841) wird bereits für sein *Cogitor ergo sum,* „Ich werde gedacht, darum bin ich“, zitiert. Das Von-Gott-Gedachtsein des Menschen, damit die Rezeptivität menschlicher Existenz ist eine relativ frühe Erinnerung an ein das menschliche Denken umfassenderes Denken.

Die Auflösung des egozentrischen Denkens läßt sich

aber auch innerweltlich begründen. Eindrucksvoll sind die Beispiele lateinamerikanischer Theologen:

– Der brasilianische Jesuit Joao Batista Libanio setzt – gleichsam im Ausbruch aus der Selbstbezogenheit des modernen Menschen – gegen das „moderne Ich“ den „armen Anderen“, die großen Mehrheiten auf dem lateinamerikanischen Kontinent, die als Marginalisierte unter dem Existenzminimum und häufig unter Mißachtung ihrer Menschenwürde am Rande der Städte hausen und inzwischen auch die Landbezirke bestimmen. Von ihnen her möchte er sich selbst bzw. das je eigene Ich bestimmt sehen.

– Leonardo Boff liest seinerseits die Formel Descartes‘ im Sinne von *„Ich erobere, also bin ich“.* Wo das gilt, wird das Ego zum Ausdruck des Machtsubjekts. Folglich ist, wer ohnmächtig ist, subjektlos. Rechte, auch Menschenrechte aber bedürfen eines Subjekts, das Träger dieser Rechte ist.

Beispiele, die einen Standortwechsel vom Ich weg zu anderen hin dokumentieren, ließen sich vermehren. Zu ihnen gehört die Theologie nach Auschwitz, wo die Subjekthaftigkeit der Opfer eingeklagt und ein Perspektivenwechsel auf den Standpunkt der Opfer gefordert wird. Auch der japanische Philosoph Keiji Nishitani (1900–1991) hat an Descartes die Frage gestellt, ob sein Rückzug auf das eigene Ich wirklich den radikalen Zweifel markiert bzw. ob nicht das Ich in das Nicht-Ich hinein transzendiert werden müsse. Eine eminent starke Betonung findet der Andere sodann beim jüdischen Philosophen Emmanuel Levinas, dessen Philosophie ebenfalls eine Philosophie nach Auschwitz ist.

Es geht an dieser Stelle nicht um eine vollständige Aufzählung all derer, die hier nach einem neuen Denken streben. Wichtig ist nur, daß das absolute und abstrakte Ego in dem Maße seine Absolutheit verliert, als das Bekenntnis zum Ego als Standpunkt des westeuropäischen Menschen entlarvt und relativiert wird. Damit erhält das Ego eine deutliche Spezifizierung. Es wird aus seiner Vereinzelung gelöst. Ein Ego setzt sich vom anderen ab, bleibt aber zugleich auf andere Egos bezogen.

Das aber gilt wiederum nicht nur im eng zwischenmenschlichen Bereich der Individuen, sondern auch für die kulturellen Individualitäten. Solange noch kein ganz neuer Standpunkt ins Spiel kommt, muß heute zumindest die Relativierung der eigenen Kultur zur Kenntnis genommen werden. Spätestens seit der Neubesinnung in Lateinamerika, sodann auch nach Auschwitz befinden wir Europäer uns in einem Lernprozeß. In diesem geht es darum, daß Zeitgenossen nicht mehr selbstverständlich vom unverrückbaren Standpunkt des eigenen Ich und der eigenen Kultur ausgehen, sondern zugeben, daß Standpunkte grundsätzlich veränderbar und austauschbar sind. Die Sache selbst ist so neu nicht, wenn wir daran denken, daß es zu allen Zeiten Umdenken, Bekehrungen, somit bewußt vollzogene Standpunktwechsel gegeben hat.

Unter ethischer Rücksicht gehört zu den wesentlichsten Standpunktwechseln der Wechsel aus der Stellung von Herrschenden zu der von Minderheiten und Beherrschten, aus der Position der Täter zu der von Opfern. Grundthema der christlichen Theologie wird – wenn nicht alles täuscht, im Augenblick noch weithin unbemerkt – Gott, der sich auf die Seite der Opfer begeben hat. Hier gibt es noch einmal deutliche Erinnerungen im lateinamerikanischen Kontext, wenn bereits zu Beginn des 17. Jahrhunderts sich der peruanische Indio – *„pobre des los Indios"* – im leidenden Christus – *„pobre de Jesucristo"* – wiedererkannt hat.

Theologisch ist damit das Subjekt *Ego,* wenn es schon in den Blick kommt, gerade im Blick auf Jesus von Nazaret, den menschgewordenen Gottessohn, nicht mehr in der Gestalt des Herrschaftssubjekts zu betrachten, sondern als Objekt der Anklage („Akkusativ“!) und Anfrage, im wörtlichen Sinne des Wortes: der Heraus-Forderung und Anforderung. Das alles muß sich freilich auf der Grundlage der Gegenseitigkeit ereignen. Denn was von dem einen gilt, gilt umgekehrt für den anderen. Wo die Bemühung einsetzt, vom Standpunkt des anderen her zu denken und zu handeln, bedeutet das: dem anderen Gerechtigkeit widerfahren zu lassen, ihm Raum zu geben, an der Versöhnung mitzuarbeiten und das alles in Gegenseitigkeit auch selbst zu erfahren. Im Raum steht eine neue Utopie.

c) Interesse und Dialog

Die neue Gegenseitigkeit bedarf vieler kleiner Schritte der Einübung. Einige davon seien an dieser Stelle genannt.

– *Auto- und Heterointerpretation:* Gegenseitigkeit impliziert gegenseitige Kenntnisnahme. Zu den Fähigkeiten des Menschen gehört es, daß er Dinge und Personen nicht nur von seinem eigenen, sondern auch vom fremden Standpunkt aus sehen und beurteilen kann. Wir haben als Menschen die Chance, uns in der eigenen Sprache auszudrücken, aber auch fremde Sprachen zu lernen. Unsere Zeit erfordert, daß wir uns nicht damit begnügen, extrapolierend von unserem eigenen Standpunkt aus unser eigenes Blickfeld zu erweitern; wir müssen uns vielmehr bewußt auf den fremden Standpunkt stellen und von ihm her sehen lernen.

Piet Schoonenberg hat in diesem Zusammenhang von einem Zusammenwirken von Auto- und Heterointerpretation gesprochen. Er fordert es um der Ehrlichkeit willen, aber auch als Konsequenz der Liebe. Die Ehrlichkeit verlangt, daß wir stets Ideal mit Ideal, Wirklichkeit mit Wirklichkeit vergleichen und uns nicht scheuen, auch die eigenen Beurteilungsnormen aufs Spiel zu setzen, damit Gerechtigkeit widerfährt. Die Liebe aber erfordert, daß wir nicht aus Kulturüberheblichkeit dem anderen Gewalt antun. Das aber geht nur, wenn auf allen Seiten die Bereitschaft zu lernen besteht.

Im Hin und Her des Prozesses ergibt sich dann ein multilateraler Komplex von Gesichtspunkten und Blickrichtungen, der sich z. B. am Miteinander von Vertretern verschiedener Religionen erläutern läßt: Die anderen werden gesehen, wie sie sich selbst sehen und gesehen werden möchten, aber auch wie sie den und das ihnen Fremde sehen. Das Gleiche gilt umgekehrt. Die anderen werden vom eigenen Standpunkt aus gesehen und beurteilt. Der eigene Standpunkt wird eingebracht. Der Blick fällt aber auch auf den geschichtlichen Ort des Miteinanders, auf die Aufgaben, die sich den Religionen gemeinsam stellen, auf die Möglichkeiten, die jede Religion für sich selbst hat. Umgekehrt kommt in den Blick, wie die Religionen von Zeitgenossen eingeschätzt werden, deren Kritik und Hoffnung, die Enttäuschungen und die Erwartungen. Es entsteht ein Netz von Gesichtspunkten.

– *Die Bedeutung des „Inter“:* Die Betonung der Wechselseitigkeiten gibt dem *„inter“* besonderes Gewicht. *„Inter“* heißt soviel wie „dazwischen“. *„Interesse“* bedeutet ursprünglich „dazwischensein, dabeisein“ und setzt im Grunde eine Vielzahl von Dingen, Personen, Möglichkeiten u. a. voraus. Es ist verräterisch, daß „Interesse“ nicht selten sofort als „egoistisch das *eigene* Interesse verfolgen“ verstanden wird. Wo sich aber das eigene Ego im „Interesse“ breitmacht, geht die wahre Haltung des *„inter“*, die selbstlos ist, verloren.

„Inter“ aber gibt es heute überall. Wir leben „interna-

tional“, „interkulturell“, „interreligiös“. Wo immer von *„inter“* die Rede ist, werden unterschiedliche Standpunkte sichtbar, zeigt sich die Pluralität. Deshalb sind im Umgang miteinander die unterschiedlichen Weisen des Interesses zu prüfen. Die heutige Zeitepoche ist keine subjektlose, eher eine subjektvergessene Zeit. Gerade deshalb erheben heute die unterschiedlichsten Subjekte ihr Haupt und drängen auf ihre Anerkennung als Subjekte. Die Konsequenz ist das Bemühen um neue Formen der „Intersubjektivität“.

– *„Dialog“*: Der verbreitetste Name der neuen Intersubjektivität ist „Dialog“. Von ihm wird noch ausführlicher zu reden sein. Der „Dialog“ wird jedenfalls mehr und mehr zu einem Kennzeichen, damit zu einer Forderung der neuen Zeit. Drei Momente finden in ihm zusammen: als Gesprächspartner das eigene Subjekt und ein oder mehrere fremde Subjekte, sodann aber auch das Interesse, genauer hier: die Sache, die beide oder alle beteiligten Seiten interessiert. Leben in postchristlicher Moderne bedeutet wesentlich Einübung in neue Formen des Miteinander.

Zweites Zwischenergebnis

1. Das europäische Denken der Neuzeit, damit auch das lange Zeit überwiegend europäische Christentum sind nicht am Ende. Wohl ändert sich ihr Stellenwert im weltweiten Diskurs, der die Vielzahl von nationalen, kulturellen und religiösen Subjekten ins Blickfeld rückt.

2. Die Welt ist heute gekennzeichnet von einem Ringen zwischen Vielheit und Einheit. Es gibt in vielen Völkern und Gruppen der Menschheit eine starke Suche nach Identität und ein Bemühen um Räume für deren Verwirklichung. Zugleich aber konkurriert damit das Verlangen um eine friedvolle Einheit zwischen den ver-

schiedensten Völkern, Kulturen und Religionen in der einen Welt.

3. Das Miteinander der Vielen und einander Fremden ruft nach neuen Formen des Umgangs, intensiven Bemühungen gegenseitigen Kennenlernens, Partnerschaft in Dialog und Solidarität, Klärung der Interessen. Interesse und Dialog signalisieren die damit gemeinten Bemühungen.

4. „Dialog der Religionen" bezeichnet den Beitrag, den Religionen in dieser Zeit leisten können. Sie haben auch in der neuen Zeitepoche in dem Maße einen Ort, als ihre Botschaften Antwort auf die großen Menschheitsfragen geben und es ihnen gelingt, sie den Menschen zu vermitteln. Darin unterscheidet sich das Christentum nicht von den anderen Religionen.

Als nächster Schritt bietet sich ein Blick auf die religiöse Landschaft unserer Tage an. Diese ist eine Landschaft, die der Menschen außerhalb seiner selbst in der Welt vorfindet. Sie existiert aber auch in ihm selbst, insofern er selbst sich seiner Religion und Religiosität bewußt ist und entsprechend lebt. So oder so kommt es stets auch zu Konkurrenzverhältnissen zwischen den Religionen.

Literaturhinweise

M. Delgado (Hrsg.), Gott in Lateinamerika. Texte aus fünf Jahrhunderten, Düsseldorf 1992.

R. Descartes, Meditationes de prima philosophia (Philosophische Bibliothek 250a), Hamburg 1977.

R. Guardini, Das Ende der Neuzeit. Ein Versuch zur Orientierung, Würzburg 1950.

N. Hinske (Hrsg.), Was ist Aufklärung?, Darmstadt 1973 .

E. Jüngel, Gott als Geheimnis der Welt, Tübingen 1977.

F. X. Kaufmann – J. B. Metz, Zukunftsfähigkeit. Suchbewegungen im Christentum, Freiburg 1987.

J. B. METZ, Christliche Anthropozentrik. Über die Denkform des Thomas von Aquin, München 1962.

H. E. RICHTER, Der Gotteskomplex. Die Geburt und die Krise des Glaubens an die Allmacht des Menschen, Reinbek 1979.

M. ROENTGEN, Alles verstehen hieße alles verzeihen ... Prolegomena zu Anlaß und Unmöglichkeit von theologischen Reflexionen nach Auschwitz, Bonn 1991.

H. SEDLMAYR, Verlust der Mitte, Salzburg 1948 (⁵1951).

O. SPENGLER, Der Untergang des Abendlandes, München (1918–1922) 1963.

H. WALDENFELS, Kontextuelle Fundamentaltheologie, Paderborn ²1988.

III

Die religiöse Landkarte

„Begegnung der Religionen"

Am 28. Oktober 1965 verabschiedete das 2. Vatikanische Konzil mit überwältigender Mehrheit eine Erklärung über das Verhältnis der Kirche zu den nichtchristlichen Religionen, die nach den Eingangsworten den Namen *Nostra aetate* trägt. Was zur Zeit des Konzils noch wie eine Problemanzeige erscheinen mußte, ist inzwischen in der christlichen Theologie eine zentrale Themenstellung geworden. Selbst da, wo lange Zeit die religionslose, säkularisierte Welt im Mittelpunkt der Auseinandersetzung stand, ist die Beschäftigung mit der Pluralität von Religionen und Weltanschauungen inzwischen nicht mehr zu umgehen.

Zentralbegriff der Neueinstellung ist das Wort „Dialog" geworden, das inzwischen in inflationärer Weise gebraucht wird. Der Begriff verliert aber seine Ernsthaftigkeit, wenn nicht einige Dinge von vornherein klargestellt sind:

1. *„Dialog"* findet stets zwischen Menschen statt, niemals zwischen Systemen. *„Dialog der Religionen"* muß entsprechend genauer bestimmt werden: Geht es um offizielle Gespräche zwischen repräsentativen Vertretern von Religionen? Oder geht es einfach um Gespräche zwischen Angehörigen verschiedener Religionen? Muß das Thema solcher Gespräche die Religion sein, oder reicht es aus, daß Menschen verschiedener Herkunft sich dieses verschiedenen Hintergrundes bewußt sind?

Völlig abwegig ist es, wenn sogar die einfache Beschäftigung mit anderen Religionen zum „Dialog der Religionen" erklärt wird.

2. „Dialog" setzt echte Partnerschaftlichkeit voraus, nicht nur die unabsichtliche Begegnung. Unbestritten begegnen sich heute im Alltag Menschen unterschiedlicher religiöser Herkunft. Wollen sie aber wirklich miteinander in den Dialog treten? Oder kommt es nicht oft genug vor, daß sie sich lieber aus dem Weg gehen? Begegnungen sind unvermeidlich, Dialog aber setzt die Bereitschaft zum Gespräch miteinander voraus. Da die aktuellen Begegnungen zur Voraussetzung des Dialogs werden, ziehe ich es vor, zunächst von *Begegnung der Religionen* zu sprechen. Zwar gibt es echte Dialoge, doch die freie partnerschaftliche Begegnung in der Sache der Religion ist nach wie vor selten. Es ist denn auch auf die Qualität dessen zu achten, was wir „Dialog der Religionen" nennen. Nicht jede Verhandlung mit einer Stadtverwaltung um ein Grundstück oder die Bauerlaubnis für eine Moschee oder einen Tempel ist bereits ein Religionsdialog.

3. Zu den Voraussetzungen eines ernsthaften Dialogs mit Fremden gehört ein ehrlicher und ernsthafter Dialog im Binnenraum einer Religion. Die nachkonziliare Kirche ist in hohem Maße geprägt von Auseinandersetzungen im Inneren der Kirche, die einerseits verwundern und abstoßen, andererseits aber auch als Konsequenz einer echten Bemühung um eine neue Gestalt des Miteinanders gewertet werden müssen. In diesem Sinne ist die Rede von Geschwisterlichkeit, Kollegialität, Konsensfindung, Mitsprache u.ä. Hier ist aber dann nicht zu übersehen, daß es kaum eine Religion der Erde gibt, in der so ernsthaft um das Dialogische gerungen wird wie im Christentum. Bis zum Beweis des Gegenteils möchte ich jedenfalls die These vertreten, daß das Christentum

nicht zuletzt aufgrund seiner theologischen Prämissen – trinitarisches Gottesverständnis und Inkarnationsglaube – so nachdrücklich für den Dialog der Religionen wirbt.

Dialog aber setzt einen eigenen Standpunkt und die Bemühung um die Kenntnis und das Verständnis des fremden Standpunkts voraus. Im Sinne einer Vorbereitung auf den heute zu fordernden Dialog suchen wir unter dem Stichwort „religiöse Landkarte“ nach Orientierungspunkten. Wir fragen noch einmal nach dem Verständnis von Religion, sodann nach den Religionen, aus denen sich dieses speist, schließlich nach den bleibenden Ansätzen im Leben des Menschen, die diesen „unheilbar religiös“ sein lassen.

1. Nochmals „Religion“

a) Religion „ohne Gott“

Eine erste Annäherung an das Verständnis von „Religion“ haben wir versucht, wo wir „Religion“ und „Religiosität“ voneinander unterschieden haben. Dabei haben wir mit großer Selbstverständlichkeit „Religion“ im Hinblick auf „Gott“ und „Gottesbeziehung“ definiert. Hier erscheint heute eine Erweiterung erforderlich. Denn die Selbstverständlichkeit, mit der die christliche Theologie von Religion in Verbindung mit Gott gesprochen hat, ist zumindest seit der Zeit neu zu überdenken, als in *Nostra aetate* ohne großes Aufheben der Buddhismus unter die großen Religionen eingereiht worden ist. Das ist geschehen, obwohl der Buddhismus eine Bewegung zu nennen ist, die im Gegensatz zu den gott- bzw. götterbezogenen Hindureligionen einen Weg radikaler Befreiung jenseits aller Gottbindung verfolgt. In diesem Sinne erscheint sie als „atheistische“ Bewegung.

Freilich darf der sogenannte „Atheismus“ des Buddhismus nicht vorschnell mit dem abendländischen Atheismus identifiziert werden. Eindrucksvoll hat der japanische Philosoph Shin'ichi Hisamatsu (1889–1980) nachgewiesen, daß die Abkehr von der abendländischen Theozentrik keineswegs notwendig in die abendländische Anthropozentrik führt, die Autonomie buddhistischer Prägung vielmehr deutlich davon zu unterscheiden ist.

b) Dreimal „Religion“

Max Seckler hat in einer differenzierten Analyse heutiger Interpretationsmodelle von Religion diese im wesentlichen drei Gestalten zugeordnet: A) dem eher traditionellen Modell eines gottbezogenen Verhaltens, B) einem das Wort „Gott“ eher vermeidenden Modell offenen Transzendenzverhaltens, C) einem menschenbezogenen Modell, das sich in den humanistisch-atheistischen Religionstheorien, in denen Religion auf die Frage nach dem Menschen und seiner Sinnverwirklichung reduziert ist, ebenso wiederfindet wie in den funktionalen gesellschaftsorientierten Religionstheorien. Die Dreiheit der Modelle zeigt einmal, wie die Elemente eines für das Abendland klassischen Religionsverständnisses auseinanderfallen und sich verselbständigen können, sodann aber auch, wie im Extrem das Wesen von Religion verloren geht.

– Das gilt für *das traditionelle Modell*, wenn der anthropologischen Vermittlung keine Bedeutung zuerkannt wird. Erst langsam löst sich die evangelische Theologie endgültig von den religionskritischen Konzeptionen der Dialektischen Theologie, die dem Christentum den Charakter der Religion abzusprechen suchte. Im übrigen ist es richtig: Wo in religiöser Verkündigung nicht mehr deutlich wird: *„Mea res, nostra res agitur“*, „Es geht um meine, unsere Sache“, sucht der Mensch sein „Heil“ woanders.

– Das zweite *Modell der Transzendenzsuche* verbleibt in einer gewissen Ambiguität, zumal das Woraufhin der Religion hier sehr unscharf ist. Das Modell kann sowohl zu einem wachsenden Verlust des umfassenden Heilshorizonts als auch zu dessen größerer Klärung führen. Entscheidend ist hier der Ausgangspunkt: Bewegt sich der Mensch vom persönlichen Gottesglauben fort, oder hat er einen solchen noch nicht gekannt, ist aber auf der Suche nach ihm? Entsprechend kann dieses Modell in seiner unartikulierten Offenheit sowohl Hoffnung als auch kritischen Zweifel repräsentieren. In seiner Unentschiedenheit ist es das unter heutigen Zeitgenossen wirksamste Modell.

– Das dritte *humanistisch-atheistische Modell* ist seinerseits nicht frei von der im zweiten Modell erkennbaren Ambivalenz. Es ist zunächst auch aus der abendländischen Welt formuliert, wo es nicht zuletzt im heutigen Geflecht neureligiöser Gruppierungen zu finden ist, in denen die Ansätze einer humanistischen, neuerdings auch ökologischen „Religion“ ihre konkrete Umsetzung erfahren. Diese Ansätze markieren bei uns stets auch Defizite der christlichen Verkündigung. In diesem Sinne ist dann eine starke Verflachung des Religionsverständnisses unübersehbar. Die umfassende Suche nach Sinn und Heil, Ganzheit, Integrität und Identität verflüchtigt sich immer mehr in die Verfolgung partieller Teilziele. Überträgt man das Modell jedoch auf volksreligiöse Erfahrungen anderer Länder und Kulturgebiete, so können diese Gestalten religiösen Verhaltens selbst wieder zu Vorstufen, Anzeichen und Wegweisern für umfassendes Heil werden.

Damit ergibt sich als Zwischenergebnis, daß die Folge

A-B-C in doppelter Weise von A nach C wie von C nach A gelesen werden kann. A nach C betont eher die Verdünnung des Religionsverständnisses; es ist oberflächlich in unserer Welt gültig. C nach A kann zumindest einen Suchprozeß mit zunehmender Intensität markieren; man möchte ihn im außerchristlichen Einflußbereich noch vermuten. Die Ambivalenz ist dann auch eine bleibende Chance.

c) „Religion – ja, Gott – nein"

Für unsere eigene Welt hat Johann Baptist Metz die beschriebene Entwicklung mit dem neuen Slogan „Religion – ja, Gott – nein" gekennzeichnet und folgendermaßen umschrieben:

> Es gibt in unserer gegenwärtigen Situation, quer durch Kirche und Gesellschaft, ein eigentümliches Phänomen, nämlich eine gesteigerte Religionsfreudigkeit, die gepaart ist mit einer schwelenden Gottesmüdigkeit, eine Ausbreitung der Meditationskultur bei gleichzeitiger Verödung der Gebetskultur. Wenn es vor mehreren Jahren einmal hieß: Jesus – ja, Kirche – nein, so scheint heute die Devise zu lauten: Religion – ja, Gott – nein. Es wäre wohl nicht schwer, diese neue Religion ohne Transzendenz, diese Religion der psychologisch-ästhetischen Seelenverzauberung als eine Art Kompensationsphänomen in unserer Massenmedienwelt darzustellen. Doch darum geht es mir nicht. Ich frage mich vielmehr: Was ist heute mit der Gottesrede, was mit den Gebeten geschehen, daß sie heute selbst im kirchlichen Raum so sehr ins Abseits gerieten?

Wer die Frage nach Religion stellt, muß wissen, daß die starke Anthropozentrik der Neuzeit das Interesse an Religion wesentlich verändert hat. Im Vordergrund steht heute das praktische Interesse, die Funktion, die Religion im konkreten Leben des einzelnen oder der Gesellschaft ausübt, die Leistung, die sie für diese vollbringt, nicht die ursprüngliche Botschaft und Inspiration. Jedenfalls ist der Nutzeffekt der Religion mehr gefragt als der Wahrheitsanspruch der einzelnen Religion. Das bringt es auch mit sich, daß Religionen selbst wie Steinbrüche erscheinen, aus denen ein jeder sich herausbricht, was ihm selbst gut und nützlich dünkt, und dann die private Religiosität sich am Ende als ein Konglomerat von vielfältigen Elementen aus unterschiedlichsten Religionen darstellt. Der Religionssoziologe Peter Berger hat diesen Zustand schon vor Jahren als *Zwang zur Häresie* bezeichnet; Menschen kommen nicht umhin, zu wählen und sich zu entscheiden.

2. *Der religiöse Steinbruch*

a) Religionen universalen Heils

Nostra aetate lenkt in seinem Ergebnis den Blick auf vier Religionen, die bis in unsere Zeit lebendig und wirksam sind: zwei im unmittelbaren Umfeld des Christentums, nämlich Judentum und Islam, und zwei in der dem Christentum lange fremden Welt Asiens, Hinduismus und Buddhismus. Diesen und allen Religionen gemeinsam ist, daß die Menschen von ihnen „Antwort auf die ungelösten Rätsel des menschlichen Daseins“ (Art.1) erwarten:

> Was ist der Mensch? Was ist Sinn und Ziel unseres Lebens? Was ist das Gute, was die Sünde? Woher kommt das Leid, und welchen Sinn hat es? Was ist der Weg zum wahren Glück? Was ist der Tod, das Gericht und die Vergeltung nach dem Tode? Und schließlich: Was ist jenes letzte und unsagbare Geheimnis unserer Existenz, aus dem wir kommen und wohin wir gehen?

Ausgangspunkt des Religionsverständnisses ist in der Konzilserklärung der Mensch mit seinen Grundfragen.

Vorausgesetzt wird, daß diese zu allen Zeiten und überall gestellt werden. Wir können folglich auch formulieren: Von Religionen wird Antwort auf die Frage nach einem die ganze Menschheit zu allen Zeiten umfassenden Heil erwartet.

Tatsächlich ist die Frage aus dem Horizont des neuzeitlichen Menschen gestellt. Diese Tatsachenfeststellung muß nicht sogleich als Relativierung des Ansatzes gewertet werden, erinnert aber daran, daß auch andere Ansatzpunkte möglich bleiben. Da das Christentum sich selbst in seinem Heilsverständnis als Ansage universalen Heils versteht, werden die Religionen ihrerseits zunächst mit diesem Maßstab gemessen. Das wiederum hat zur Folge, daß vor allem den Religionen Aufmerksamkeit geschenkt wird, die ihrerseits der Welt universales Heil verkünden.

Damit stehen im Blickfeld der Rückfrage an erster Stelle jene Religionen, die sich wie das Christentum als *Weltreligionen* präsentieren. Nachchristlich gilt das für den Islam, im asiatischen Raum für den Buddhismus. Die beiden anderen Religionen in unmittelbarer Nachbarschaft zum Christentum und zum Buddhismus wird man in diesem Zusammenhang gleichfalls als Religionen auf dem Weg zur Gestalt der Weltreligion bezeichnen dürfen.

Zwei Momente stehen zu Beginn der Konzilserklärung weniger im Blickfeld: einmal die Frage nach dem Gott des universalen Heils, sodann auch all jene Erfahrungen des Unheils, die im Horizont des universalen Unheils zum Signal für dieses werden können, jedoch für sich selbst als Erfahrung aktuellen und partiellen Unheils nach Lösung und Heilung rufen. Ängste und Krankheiten, Kriege und Streit, Verletzungen und Irrwege, Hunger und unverschuldetes Leiden gehören dazu und vieles andere, was über dem Ruf nach umfassendem Heil jenseits von Tod und Schuld häufig heruntergespielt wird.

Es fällt heute auf, daß die Formen lokaler Religiosität, traditionelle Stammesreligionen, die Volksreligiosität in der Erklärung des Konzils nicht zur Sprache kommen. Vielleicht liegt es daran, daß die Stimmlosen erst allmählich dort wieder eine Stimme erhalten, wo das Fremde ein Gesicht bekommt.

b) Schriftreligionen

Die in *Nostra aetate* genannten vier Religionen sind aber mit dem Christentum noch auf eine andere Weise verbunden, die aufs ganze zu wenig bedacht wird. Sie alle sind Schriftreligionen, d. h. Religionen, deren ursprüngliche Botschaften für die Nachwelt in Heiligen Schriften erhalten sind. Was das bedeutet, findet erst ihr volles Verständnis in einer Zeit, in der die Medien eine zuvor nicht gekannte Wirksamkeit erlangt haben.

Schon die Erfindung der Buchdruckerkunst stellte insofern eine Revolution dar, als Schriften auf eine zuvor nicht gekannte Weise verbreitet werden konnten. Die Luthersche Bibelübersetzung war nicht deshalb so bedeutsam, weil sie in deutscher Sprache verfaßt war – deutsche Bibelübersetzungen gab es auch vorher schon –; sie war geschichtlich vor allem deshalb so bedeutsam, weil sie als erste Gesamtausgabe einer deutschen Bibel 1534 im Druck erschien. In dem Maße, als das einfache Volk dann zu einem lesenden Volk heranreifte, war es weder weiterhin auf die reine Bilderbibel an den Kirchenwänden und in den Kirchenfenstern noch auf die Erklärungen der Prediger angewiesen; es war vielmehr in der Lage, selbst die Bibel zu lesen und sich so auf die Dauer immer mehr die religiösen Quellen eigenständig anzueignen.

Die Bedeutsamkeit dieser Revolution wird für den heutigen Menschen dort greifbar, wo in den Entwicklungsländern, u. a. auch in Lateinamerika der Analphabetismus überwunden wird und Menschen dann selbst lesen und schreiben und mit dem Gelesenen umgehen lernen und wo dieses nicht nur im allgemeinen, sondern auch im religiösen Bereich gilt. Für die Armen Lateinamerikas war diese Erfahrung eine kaum zu überbietende Befreiung.

Der persönliche Umgang mit religiösen Quellenschriften wie auch die Möglichkeit der Übersetzung Heiliger Schriften aus den Ursprachen in heutige Umgangssprachen gehören zu jenen grundlegenden Ereignissen, die ganz konkret aus bestimmten Religionen „Weltreligionen" werden lassen. Wenn aber der Schriftcharakter einer Religion ihr einen solch weitreichenden Einfluß verleiht, ist es verständlich, daß vieles von dem, was nicht diesem Standard entspricht, der Vergessenheit und Nichtbeachtung verfällt. Entsprechend sind schriftlose Religionen wie auch schriftlose Formen der Volksreligiosität lange Zeit in einer aufgeklärten Gesellschaft eher geringgeachtet worden.

In diesem Zusammenhang ist auch darauf zu achten, daß der deutsche Protestantismus sich in hohem Maße zu einer wortzentrierten Religion entwickelt hat, die unter dem Einfluß aufklärerischen Denkens stark intellektuelle Züge annahm. Das Sakramentale und das Bildhafte wie auch die zahlreichen Formen hintergründigen Sprechens, das Metaphorische und Analoge, auch das Hymnische und Mythische, die Sprachformen des Gotteslobes verloren an Boden. Es ist denn auch kein Wunder, daß der Sinn für das Ungesagte und Unsagbare, das Unbegreifliche und Geheimnisvolle, das Verschwiegene und das Schweigen absterben mußte.

Infolge solcher Vorgaben erlangten dann auch im religiongeschichtlichen Vergleich die Schriftreligionen den Vorrang, zumal diese mit der Schreibkultur auch in ihren gesellschaftlich-organisatorische Formen stärker akzentuiert und ausgeprägt sind. Hauptobjekte des Studiums lebender Religionen waren daher lange Zeit die in der Konzilserklärung *Nostra aetate* angesprochenen Religionen, sodann die chinesischen Universalreligionen, der Taoismus und Konfuzianismus, die im Konzil vermutlich aus politischen Gründen ungenannt blieben, schließlich noch der japanische Shinto. Ihnen wurden, soweit sie sich erschließen ließen, eine Anzahl untergegangener Religionen des mediterranen oder auch des mittelamerikanischen Raumes hinzugesellt.

c) Traditionelle Religionen

Die schriftlosen Religionen sind aber ihrerseits keineswegs tot. Erst langsam kommt es den Zeitgenossen zum Bewußtsein, daß vieles von dem, was heute als „neureligiöse Bewegungen" in Erscheinung tritt, auf lange im Verborgenen fortlebende traditionelle Religionen zurückgeht.

Ein eindrucksvolles Bild bietet auch in dieser Hinsicht Lateinamerika. Die lateinamerikanische Theologie hat in den letzten Jahrzehnten den Blick immer wieder auf das einfache Volk gelenkt: Dieses ist arm, aber auch fromm, fromm aber nicht nur in der überlieferten Form des abendländischen Christentums, sondern auch in der Treue zu den aus Afrika und aus der eigenen Vergangenheit überkommenen traditionellen Religionen. Entsprechend spielt das Studium der indo-amerikanischen wie der afroamerikanischen Traditionen dort heute vielleicht eine noch größere Rolle als das der euro-amerikanischen. Jedenfalls ist die gesellschaftsorientierte lateinamerikanische Befreiungstheologie mit guten Gründen seit langem auch an der im Volke verankerten Frömmigkeit, sodann am Einfluß der Sekten sowie an den wiedererstandenen indo-afrikanischen Religionen, in Brasilien etwa an Macumba bzw. Umbanda interessiert.

Es ist dann nur folgerichtig, wenn wir heute auch auf die vielfältigen Weisen der Volksfrömmigkeit in anderen Teilen der Welt achten. Japan ist seit Jahrzehnten ein dankbares Forschungsfeld, aber auch Taiwan, Indien, Polynesien oder der afrikanische Kontinent, wo es bis in die jüngste Zeit hinein überall zu Religionsbildungen unterhalb des Niveaus der Weltreligionen gekommen ist. Europa ist in dieser Hinsicht eher arm zu nennen und lebt vom Import.

In diesem Zusammenhang bekommen die nichtsprachlichen Formen der Religiosität einen neuen Rang: die sakramentalen Zeichen, das Bildhafte im Äußeren wie im Inneren, das kultische Verhalten, die Feste und Feiern, nicht-argumentative Literaturformen, aber auch die Methoden non-verbaler Kommunikation, Heilmethoden, die Rolle von Medien, die Gestik, das Mienenspiel, die Arten der Zuwendung, die Leibhaftigkeit als Ort der Kommunikation, der Tanz, das Maskenspiel u. v. a. m. Gerade unter dieser Rücksicht ziehen inzwischen die schriftlosen Religionen eine zuvor nicht gekannte Aufmerksamkeit auf sich.

Es kommt ein weiteres hinzu: Da, wo Erfahrenes nicht sofort bleibend der Nachwelt hinterlassen wird, ist die Unmittelbarkeit des Erlebens auf neue Weise gefordert. Dann aber findet sich selbst der vermeintlich objektiv Beobachtende nicht selten unversehens in den Ablauf ursprünglicher religiöser Aktivität einbezogen. Anlaß und Ursprung der Religion werden wieder direkter greifbar. Damit dürfte es auch zusammenhängen, daß nach einer langen Zeit der Bemühung um „Gottesbeweise“, jedenfalls des argumentativen Umgangs mit der Gottesfrage, auf völlig ungeschützte Weise heute selbst im theologischen Diskurs von *„Gotteserfahrung“* gesprochen wird und die Theologie sich vor die Aufgabe gestellt sieht, über Wege zur Gotteserfahrung neu nachzudenken und sie zu eröffnen. Die Kompetenz in Fragen der Religion verlagert sich jedenfalls zusehends von einer argumentativen Theologie zur spirituellen Erfahrung und von da zur Mystagogie.

3. Offene Fragen, offene Wunden

a) Das fragende Wesen

Der Münchener Soziologe Kurt Weiß hat jüngst, befragt nach seinem Gottesbild, geantwortet:

> Das eigene Gottesbild gehört neben persönlichen sexuellen Erlebnissen und dem konkreten Kontostand zu den drei Themen, über die man in unserer Gesellschaft nicht spricht und nach denen die meisten nicht gefragt werden möchten.

Dieser auf den ersten Blick verblüffenden Feststellung werden vermutlich viele Zeitgenossen zustimmen. Dem widerspricht aber die andere Beobachtung nicht, daß Menschen dennoch nach diesen Dingen gefragt werden und auch selbst danach fragen. Selbst derjenige, dem die drei genannten Fragen wirklich lästig sind, wird zugeben, daß der Mensch so voller Fragen steckt, daß er sich zu Recht als das fragende Wesen definieren läßt. In Abwandlung des Descartesschen Satzes könnte man gar formulieren: „Ich frage, also bin ich.“

Das mag nicht zu allen Zeiten in dieser Deutlichkeit gesehen worden sein. Es hat Zeiten gegeben, in denen der Mensch in seinem Ursprung eher als das staunende Wesen erschien. Immer war er das suchende Wesen, oft genug ein geängstigtes Wesen. Frühe Funde in Malereien oder Plastik zeigen den Menschen als Augen- oder Ohrwesen, als Flüchtenden, aber auch als Kämpfenden, der die Gefahr besteht, als ein Wesen, das seine eigene Mächtigkeit erkennt, liebt und fruchtbar ist. Bei genauerem Bedenken folgt daraus, daß der Mensch wesentlich reagiert, sich damit aber zugleich – abwehrend oder zugreifend – in Beziehung versetzt sieht zu dem, was größer und weiter ist als er, sich jedenfalls auch von ihm unterscheidet. Wir können diese Erfahrung heute auch eine Erfahrung des Nicht-Ich, jedenfalls der Nicht-Identität nennen. Wo der Mensch sich ihrer bewußt wird, erfährt er Ungeborgenheit. Diese kommt ihm vielleicht solange nicht zum Bewußtsein, als er sich im Anderen, bei der Mutter, in der Familie, dann auch in der menschlichen Gemeinschaft, in der Welt geborgen weiß und sich anvertrauen kann. In diesem Geflecht von Geborgenheit und Ungeborgenheit hat jene Grundbeziehung ihren ursprünglichen Ort, die wir „Religion" nennen.

Das bleibt gültig, auch wenn wir uns eingestehen müssen, daß wir über den Ursprung der Religion historisch fast nichts wissen. In diesem Sinne verliert sich der Ursprung der Religion tatsächlich in einer geschichtlich nicht mehr erreichbaren Vergangenheit. Das hindert den Menschen aber nicht, sich selbst zu jeder Zeit neu in seiner Aporetik, also in seiner Wegsuche, auch in seiner Unsicherheit über den zu gehenden Lebensweg zu erleben, somit zu wissen, daß er das fragende Wesen ist.

b) Drei Orientierungen

In der Situation der Wegsuche bleiben uns im Grunde drei Orientierungen.

– *Hin-Ordnung:* Bei aller Unzufriedenheit, Negativität, Skepsis und Kritik, die heute verbreitet sind, bleibt die Tatsache bestehen, daß wir in einem Gefüge von Ordnungen leben, die uns teilweise vorgegeben, teilweise von uns hergestellt, teilweise auch von uns wiederherzustellen sind. Dabei ist es zunächst gleichgültig, ob wir die Ordnungen eher kosmologisch oder anthropologisch, ontologisch oder ethisch bestimmen. Sowohl die Reflexion auf die Vorgabe wie der Ruf nach Wiederherstellung der Ordnung weisen jedenfalls auf einen die Mächtigkeit des Menschen umgreifenden und übersteigenden Machtfaktor hin. Entsprechend nimmt in den Religionen in der Regel etwas einen zentralen Platz ein, das wir eher vage als „Gesetz" ansprechen: das Dharma in Indien, Tao im Chinesischen, Tora und Testament im Jüdischen und Christlichen, der Logos in der Tradition der Griechen und dann im Abendland.

Die Frage nach der Ordnung steht auch im Hintergrund, wenn nach Wahrheit und Sinn, nach Heil und Glück, nach Woher und Wohin gefragt wird. Alltägliche Erfahrungen erlebter Treue und Redlichkeit, Liebe und Gerechtigkeit, Sympathie und Solidarität bis hin zur Freigebigkeit, Verzeihung und Feindesliebe bleiben Anlaß zu dem größeren Vertrauen, daß am Ende doch allem Geschehen ein wohlwollendes Ordnungsgesetz zugrunde liegt.

Insofern als dieses Ordnungsgesetz einerseits in den kontingenten Erfahrungen des alltäglichen menschlichen Lebens zugänglich wird, sich aber andererseits als Vorgabe letztendlich menschlicher Verfügung entzieht und dabei als das Unbedingte erweist, läßt sich im abendländischen Denkraum ein personales Verständnis auf das Gesetz anwenden. Anders gesagt: Weil die Positivität des abendländischen Personbegriffs dem alles Menschsein Umfassenden nicht abzusprechen ist, sondern in diesem nur noch überboten, nicht aber unterboten werden kann, ist bei uns immer noch sinnvollerweise die Rede von einem *personalen Gott.*

– *„Unterbrechung“:* Von den bleibenden Sinnerfahrungen im menschlichen Leben muß umso mehr die Rede sein, als – wie gesagt – die Negativeinschätzungen des Lebens und der Welt zu allen Zeiten stark waren und in unserer Zeit eher noch zugenommen haben. In einer Quersumme der in den Religionen anzutreffenden Welteinschätzungen ist die Weltsituation immer auch als negativ, ungeordnet, ungerecht, unheil, leidvoll, sündig, von falschem Bewußtsein bestimmt, somit als protestwürdig empfunden worden. Eine solche Situation aber lädt nicht zum Einverständnis ein, sondern „zur Verweigerung des Einverständnisses mit der Verfaßtheit der Wirklichkeit im ganzen“ (H.R.Schlette). Nach Johann Baptist Metz lautet daher die „kürzeste Definition der Religion: Unterbrechung“. Überlegungen, die ein Religionsverständnis angesichts der Aporetik menschlichen Lebens und der vielgesichtigen Leidensgeschichten in der Menschheit und der Welt zu gewinnen suchen, können denn auch für sich in Anspruch nehmen, daß sie deutlicher den Anliegen der Religionskritik atheistisch-humanistisch-szientistischer Prägung Rechnung tragen.

In einem bemerkenswerten kleinen Buch mit dem Titel *Kleine Metaphysik* hat Heinz Robert Schlette allem zum Trotz dennoch erneut bei den von Kant bedachten drei grundlegenden Ideen der Menschheitsgeschichte angesetzt: Gott, Freiheit, Unsterblichkeit. Trotz des schier unentwirrbaren Dickichts an Fragen, in das Menschen sich verwickeln, trotz aller Wunden, an denen

Menschen zu allen Zeiten gelitten haben und immer noch unheilbar zugrunde zu gehen scheinen, bringt er „Gott" ins Spiel. Was bleibt von ihm?

Nach Schlette bleibt dessen „Verborgenheit". Freilich besagt diese „Verborgenheit Gottes" nicht,

> daß Gott sei, jedoch uns verborgen und insofern auch abwesend, vielmehr daß dem Nachdenken verborgen ist und bleibt, ob „Gott" überhaupt „ist". Die Kleine Metaphysik erkennt damit an, daß es hier ein Problem gibt, das sich einerseits aufgrund der Tradition, andererseits aus einem sehr vielschichtigen Verlangen und Bedürfnis des Menschen nach einer Alternative zur Vergänglichkeit und zum Nihilismus stellt oder wenigstens stellen kann. Aber in Anbetracht aller philosophischen Bemühungen, diesbezüglich positiv oder negativ zu einer Klärung zu kommen, zeigt sich nur deren Vergeblichkeit. Das Fazit ist der „existentielle", uns persönlich in Aporien zurücklassende, durchaus als schmerzhaft zu erfahrende „Agnostizismus" oder eben die richtig verstandene „Verborgenheit Gottes".

Anders formuliert, kommt Schlette zum Ergebnis:

> Die alte Gottesfrage der Großen Metaphysik hat somit eine Metamorphose durchgemacht. Sie ist in der Kleinen Metaphysik ‹nur› noch anwesend in Gestalt der Frage „Warum".

Wo der Mensch die grundsätzliche und umfassende Frage „Warum?" noch zuläßt, ereignet sich aber in einem die Unterbrechung, die nach Metz Religion zu leisten hat und zu leisten vermag. Allerdings kann diese Frage selbst sich noch einmal auf vielfältige Weise verleiblichen. Sie kann das reine Nichtwissen verkörpern, vor allem aber rufende, schreiende Klage, aber auch stumme Anklage sein. Sie kann eine Frage sein, die immer noch auf Antwort wartet, oder aber auch eine Frage, die sich von vornherein jeder Antwort verweigert und verschließt. Sie kann eine Frage sein, die den Fragenden in diese Frage einbezieht und sich somit selbst losläßt und mögliche neue Beziehungen und Anknüpfungen zuläßt. Die Frage kann aber auch so gestellt werden, daß insgeheim der Rückzug auf sich selbst schon in letzter Radikalität vollzogen ist und eine neue Beziehung und Antwort gar nicht möglich wird.

– *Hören:* In einem seiner frühen Werke hat Karl Rahner den Menschen den *„Hörer des Wortes"* genannt. Mehr noch als das Sehen ist wohl das Hören grundlegender Bestandteil eines interpersonalen Austauschs. Im Gegensatz zur Bezeichnung des Menschen als des „fragenden Wesens" betont die Rahnersche Formel, daß der Mensch sich wesentlich in der Rangfolge von „Empfang und Gabe", „passivem Geschehen und aktivem Tun" verwirklicht und diese Rangfolge auch im Fortgang des menschlichen Lebens ihre Gültigkeit nicht verliert. Deutlicher als unter den Stichworten „Hin-Ordnung" und „Unterbrechung" sieht sich der Mensch hier in die Lage versetzt, nicht der Letztverfügende zu sein und sein zu wollen.

In einer Zeit, in der Menschen eine neue Sensibilität dafür entwickeln, daß sie sich konkret vom Standpunkt des Anderen zu sehen und zu verstehen haben, dürfte auch die grundsätzliche Einstellung, alles in einsamer Autonomie regeln zu wollen, als endgültig gescheitert erkannt werden und sich in einer wahren „Bekehrung" wandeln. Gerade die Gewinnung neuer Perspektiven könnte nämlich den Menschen in neuer Weise lern- und hörbereit machen.

Nun hat die Religion in allen Religionen immer auch den Charakter des *Weges*. Wege aber lassen stets neue Ausblicke, „Frei-Räume" und „Frei-Zeiten" entdecken. In diesen eröffnet sich zugleich die Möglichkeit „umzudenken", somit die „Umkehr", das „Umdenken" (griech. *metanoia* = Bekehrung) zu üben und zu vollziehen. Eine Weise des Umdenkens aber ist es, sich nicht auf die eigene Einsicht zurückzuziehen, sondern im Außen der Geschichte nach dort sich bietenden Möglichkeiten umzuschauen und auf dort zu vernehmende Antworten zu hören.

Es ist aber dann eine geschichtliche Tatsache, daß die bisher versuchten Hinführungen zur Religion, d. h. sowohl die Aufforderung zum Einverständnis mit der unbedingten Ordnung wie auch die Kraft zum Widerstand gegen die tatsächliche Weltverfassung wesentlich durch die Geschichte der Religionen bestimmt sind. In verschiedenen Formulierungen haben sich die Religionen selbst stets als Anspruch des Göttlichen, als Wegansage, als umfassende Heilsgewährung, als Überwindung der Leidverhaftung, als Weg zu Freiheit und Seligkeit, als Gottesgemeinschaft u. a. vorgestellt, denen der Mensch dann zu entsprechen hat. Sie sind Einladungen, das wahre Wesen zu verwirklichen und zur Überwindung der Negativität bzw. des Bösen beizutragen.

Religion verwirklicht sich somit nicht im Rückzug in Innerlichkeit, sondern im bewußten „Auszug" des Menschen aus sich selbst, in Hinkehr zum „Ganz-Anderen" und in Solidarität mit allem Geschaffenen. Es bleibt dann freilich die Frage, wie weit die konkrete Verwirklichung des – christlich gesprochen – Gottesbezugs im Weltbezug wesentlich von dem Gottesbild abhängt, das dem Menschen geschenkt ist, – sei es, daß das Unbedingte sich letztlich nur in radikalisierter Negativität, als absolutes Nichts oder „Leere", namenlos, in „negativer Theologie" darbietet oder doch in einem menschenzugewandten Antlitz, mit einem Namen, ansprechbar und wegweisend wird.

Ein Letztes ist hier anzufügen: Auch wenn die einzelne Religion sich in vielen Menschen verwirklicht, ist Religion in ihrem Wesen Sache eines jeden einzelnen

Menschen. Die Überlegungen zum Menschen als fragendem und verwundetem Wesen führen den einzelnen Menschen in das Spannungsfeld zwischen seinem eigenen Fragen und seiner eigenen Verwundetheit einerseits und den vielen Antworten, wie sie sich in der Geschichte der Religionen finden, andererseits. Die Religionen bleiben hier gefordert. Denn die gemeinten Probleme des einzelnen vermögen weder die Gesellschaft im allgemeinen noch die Politik bzw. der Staat zu lösen; Sinnsuche und Verlangen nach Geborgenheit und festem Grund können Gesellschaft und Staat nicht befriedigen.

Joachim Fest hat jüngst darüber nachgedacht, was heute die politischen Utopien ersetzen könnte, deren Kraft sich mit dem Ende des Sozialismus erschöpft hat. Diese Utopien waren zeitweilig als Welterklärungssysteme an die Stelle der Religion, zumal der christlichen Glaubensgewißheit getreten. Wo sind die rettenden Kräfte, wenn auch diese Utopien nicht mehr in der Lage sind, das zu leisten, was sie der Religion abgesprochen haben? Denn das menschliche Grundproblem bleibt. Der Mensch bedarf weiterhin – wie Fest es formuliert – einer Verheißung, eines überpersönlichen Gedankens, der den Menschen hilft, „mit den Ungereimtheiten und tausend Nöten fertig zu werden, die das Leben selber ausmachen" (F. A. Z. Nr. 245 ‹21. 10. 92› N 5). Warum aber – so möchte man zurückfragen – sollten wir es dann nicht doch noch einmal mit der Religion versuchen?

Drittes Zwischenergebnis

1. Die Gegenwart ist geprägt von einem neu sich entwikkelnden Spannungsfeld zwischen Religion und Religionen, wobei der Bezugspunkt der „Religion" nicht mehr einhellig „Gott" ist.

2. Das Christentum als Religion universalen Heils

lenkt den Blick zunächst vorrangig auf die konkurrierenden Weltreligionen; das führt dahin, daß Religionen vielfach vor allem in ihren „objektiven" Lehren und Praktiken gesehen werden, ohne daß die Frage nach den „subjektiven" Bezügen gleiche Beachtung findet.

3. Das neue Interesse an den vielfach ungeschriebenen Formen der Volksfrömmigkeit führt umgekehrt dahin, daß die nach wie vor lebendigen oder zu neuer Lebendigkeit erwachten regional oder lokal wirksamen traditionellen Religionen und ihre größere Nähe zu den aktuellen Heils- und Heilungsbedürfnissen der Menschen gleichfalls die Aufmerksamkeit auf sich ziehen.

4. Es bleibt die Frage nach den subjektiven Befindlichkeiten des einzelnen religiösen Subjekts und deren Beziehung zu den Vorgegebenheiten des eigenen Lebens: die Einbindung in Ordnungen, die Erfahrung notwendiger Unterbrechung, die Fähigkeit zu hören vor allem eigenen Tun, sodann aber auch nach der Spannung zwischen eigener Lebensgestaltung und von außen angebotenen Weghilfen.

Hier bietet es sich an, daß wir mit dem Blick auf die Spannungsfelder, in denen wir leben, zunächst auf die Religion zugehen, die der bleibende Wurzelgrund des Christentums ist: das Judentum.

Literaturhinweise

P. L. Berger, Zwang zur Häresie. Religion in der pluralistischen Gesellschaft, Frankfurt 1980.

J. Brauers (Hrsg.), Mein Gottesbild. Eine Anthologie, München 1990, Artikel: K. Weiss.

H. Gasper u. a. (Hg.), Lexikon der Sekten, Sondergruppen und Weltanschauungen, Freiburg 1990.

S. Hisamatsu, Philosophie des Erwachens. Satori und Atheismus, Zürich – München 1990.

J. B. Metz, Glaube in Geschichte und Gesellschaft, Mainz [5]1992.

K. Rahner, Hörer des Wortes. Zur Grundlegung einer Religionsphilosophie, München ²1963.
F. C. Rehbein, Heil in Christentum und afro-brasilianischen Kulten, Bonn 1990.
H. R. Schlette, Kleine Metaphysik, Frankfurt 1990.
M. Seckler, Der theologische Begriff der Religion, in: W. Kern – H. J. Pottmeyer – M. Seckler (Hrsg.), Handbuch der Fundamentaltheologie, Bd. 1, Freiburg 1985, 173–194.
H. Waldenfels, Begegnung der Religionen. Theologische Versuche I, Bonn 1990.
Ders. (Hrsg.), Lexikon der Religionen. Phänomene – Geschichte – Ideen, Freiburg ²1988 (TB Herder Spektrum 4090), 1992.
Ders., Religionsverständnis, in: P. Eicher (Hrsg.), Neues Handbuch theologischer Grundbegriffe, Bd. 4, München ²1991.

IV

Wurzel des Christentums: das Judentum

1. Das Wurzelwerk

a) Christlich

In dem bewegenden 11. Kapitel des Römerbriefes schreibt der Apostel Paulus:

Ist die Wurzel heilig, so sind es auch die Zweige. (v. 16)

Und:

Nicht du trägst die Wurzel, sondern die Wurzel trägt dich. (v. 18)

Am Ende der Kapitel 9–11, in denen der Apostel um seine Landsleute und ihr Verständnis für das ringt, was sich im Schicksal Jesu verbirgt, mahnt er die Christen vor jeder Überheblichkeit: Sie haben eine Wurzel, die älter ist als sie und auch nach dem Tode Christi nicht ihre eigene gottgewirkte Berufung und ihre bleibende Würde verloren hat. Seither ist das Schicksal von Juden und Christen unauflöslich miteinander verflochten.

Gerade wenn wir auf dieser Verflochtenheit bestehen, darf aber das eigentümliche Gefälle zwischen Judentum und Christentum nicht außer acht bleiben. Das Judentum ist die Wurzel des Christentums. Die Christen sind auf diese Wurzel angewiesen. Die Juden sind ihrerseits – zumindest unter dieser Rücksicht – nicht auf das Christentum angewiesen. Stamm und Äste entstammen der Wurzel, nicht aber die Wurzel dem Stamm und den

Ästen. Das ist bei der weiteren Besprechung des Verhältnisses von Juden und Christen zu beachten.

Nun ist die Verflochtenheit von Juden und Christen jahrhundertelang überspielt worden. Christen haben ihre Herkunft verleugnet und die Nachfahren der Volksgenossen Jesu verachtet und verfolgt. Juden haben ihrerseits auf den „verlorenen Sohn" ihres Volkes, Jesus von Nazaret, kaum geachtet. Dafür war das Miteinander der beiden Religionen geprägt von der Geschichte des Antijudaismus, der Gettos, blutiger Progrome bis zu den Massenmorden in den Konzentrationslagern des Naziregimes. Auschwitz steht bis heute für die Blockierung des jüdisch-christlichen Verhältnisses.

Dennoch gibt es ein neues Verhältnis zwischen Juden und Christen nicht erst seit Auschwitz. An ihrem Ausgangspunkt steht nicht zuletzt die Wiederentdeckung und Heimholung Jesu in jüdischen Kreisen. Sie läßt sich exemplarisch festmachen an Worten Martin Bubers (1878–1965):

> Jesus habe ich von Jugend auf als meinen großen Bruder empfunden. Daß die Christenheit ihn als Gott und Erlöser angesehen hat und ansieht, ist mir immer als eine Tatsache von höchstem Ernst erschienen, die ich um seinet- und um meinetwillen zu begreifen suchen muß ...Mein eigenes brüderlich aufgeschlossenes Verhältnis zu ihm ist immer stärker und reiner geworden, und ich sehe ihn heute mit stärkerem und reinerem Blick als je.
>
> Gewisser als je ist es mir, daß ihm ein großer Platz in der Glaubensgeschichte Israels zukommt und daß dieser Platz durch keine der üblichen Kategorien umschrieben werden kann.

Seither gibt es vielfältige Versuche wechselseitigen Verstehens wie auch einen beginnenden Dialog, wenn wir dieses Wort nicht zu eilfertig verwenden und für ihn gleichberechtigte Partner auf der Suche nach der einen

Wahrheit voraussetzen können. Wie gehen aber kaum zu weit, wenn wir in der begonnenen Kommunikation zwischen Juden und Christen ein Lehrstück dafür erblikken, wie sich Menschen verschiedener Religionen aus ihrem Glauben heraus begegnen sollten und könnten.

All das legt es nahe, die Stellung des Christentums im Pluralismus unserer Zeit zunächst von seinem Verhältnis zum Judentum her zu bedenken. Denn die jüdisch-christliche Verflochtenheit ist gerade im Ausgangspunkt ein entscheidender Ausdruck für die Eingebundenheit des Christentums in Welt und Geschichte. In dem Maße freilich, in dem das Judentum als integrierender Bestandteil des Christentums behandelt wurde, wurde die Einbindung des Christentums in die Weltgeschichte vordringlich im Hinblick auf das Verhältnis zur Antike und zum Hellenismus bedacht. Unabhängig von der Frage, ob das Verhältnis von Judentum und Christentum oder von Christentum und Antike im Vordergrund stand, drängte sich dann die Frage nach dem „Christentum als Neuheitserlebnis" (K.Prümm) auf. Dieser Fragenkomplex ist aber hier zunächst zugunsten einer eingehenderen Beschäftigung mit dem Judentum zurückzustellen.

b) Jüdisch

Die Frage nach der Wurzel des Christentums ist zunächst dorthin weiterzuverfolgen, wo das Judentum selbst seine Wurzeln hat. Hier aber machen wir bei genauerem Hinsehen eine interessante Entdeckung. In den Evangelien finden sich zwei Stammbäume Jesu, die einen je eigenen Ansatzpunkt haben. So heißt es am Anfang des Matthäusevangeliums 1,1:

Stammbaum Jesu Christi, des Sohnes Davids, des Sohnes Abrahams.

Demgegenüber zeichnet das Lukasevangelium

3,23–38 den Stammbaum Jesu in aufsteigender Linie zwar auch über Abraham, aber dann weiter bis zu Adam, dem Stammvater der Menschheit.

Jesus ist hier wie das ganze Judentum in die Menschheitsgeschichte verwurzelt, ohne daß die Gründung des jüdischen Volkes in der Befreiung aus der Knechtschaft Ägyptens und die Begründung des Judentums im zwischen Gott und Israel geschlossenen Sinai-Bund eigens vermerkt wären. Umgekehrt findet die Verankerung des Judentums in die Vorgeschichte des Bundes ihren Ausdruck im Glaubensbekenntnis des Buches Deuteronomium 26,5–10 (vgl. Dtn 6,20–23; Jos 24,3–15; Neh 9,7–25):

Mein Vater war ein heimatloser Aramäer. Er zog nach Ägypten, lebte dort als Fremder mit wenigen Leuten und wurde dort zu einem großen und zahlreichen Volk.

Die Ägypter behandelten uns schlecht, machten uns rechtlos und legten uns harte Fronarbeit auf.

Wir schrien zum Herrn, dem Gott unserer Väter, und der Herr hörte unser Schreien und sah unsere Rechtlosigkeit, unsere Arbeitslast und unsere Bedrängnis.

Der Herr führte uns mit starker Hand und hoch erhobenem Arm, unter großem Schrecken, unter Zeichen und Wundern aus Ägypten,

er brachte uns an diese Stätte und gab uns dieses Land, ein Land, in dem Milch und Honig fließen.

Und siehe, nun bringe ich hier die ersten Erträge von den Früchten des Landes, das du mir gegeben hast, Herr. (Dtn 26, 5–10)

Auch wenn der Beginn der jüdischen Religion mit der Befreiung des Volkes aus Ägypten und dem nachfolgenden Bund am Sinai datiert wird, so reichen die Wurzeln doch in die Vorvergangenheit zurück.

c) Der Stammvater Abraham

Die Frage nach den Wurzeln des Judentums konzentriert sich in der Vorgeschichte des Bundes auf die Gestalt des Stammvaters Abraham. Diese Beobachtung gewinnt an Brisanz, wenn man die Tatsache bedenkt, daß – in einem religionsgeschichtlichen Vergleich – nicht nur das Judentum, sondern auch das Christentum und der Islam über ihre je eigenen Stiftergestalten Mose, Jesus und Muhammad hinaus auf Abraham als ihren gemeinsamen Stammvater schauen und von ihm her dann der Blick auf den Ursprung zu Adam geht.

Damit findet das, was sich heute ereignet, daß nämlich Juden, Christen und Moslems sich im Land der Verheißung Israel-Palästina begegnen und reiben, bekämpfen und doch um ein friedvolles Neben- und Miteinander ringen, bereits einen frühen Ausdruck in der jüdischen Heiligen Schrift. In Genesis 12,1–3 ist erstmals die Rede von der Berufung des Abraham und Gottes Verheißung an ihn; letztere umfaßt Land und eine große Nachkommenschaft:

> Zieh weg aus deinem Land, von deiner Verwandtschaft und aus deinem Vaterhaus in das Land, das ich dir zeigen werde. Ich werde dich zu einem großen Volk machen, dich segnen und deinen Namen groß machen. Ein Segen sollst du sein; wer dich verwünscht, den will ich verfluchen. Durch dich sollen alle Geschlechter der Erde Segen erlangen. (Gen 12, 1–3)

Dabei stand die Zeugung der Nachkommenschaft zunächst unter einem unguten Stern. Sarais Frau blieb kinderlos. Eine Lösung des Problems schien sich in der Magd Hagar anzubieten, die Sarai Abraham zuführte (vgl. Gen 16). Sie wird aber dann von Sarai verstoßen, doch Gott segnet auch den Sohn, den Hagar gebiert, Ismael (vgl. Gen 16 und 21). Dieser Segen blieb gültig, auch als die Erfüllung der göttlichen Verheißung an Abraham am Ende nicht mit Ismael, sondern mit Isaak verbunden war.

Wir machen einen Sprung in die frühchristliche Verkündigung. Wie zuvor bemerkt, bleibt Abraham im Stammbaum Jesu. Doch um die Frage nach der wahren Nachkommenschaft Abrahams gibt es nach dem Johannesevangelium bereits Streit zwischen Jesus und seinen Zeitgenossen (vgl. Joh 8,30–59). In diesem Zusammenhang fällt der vor allem aus der christlichen Passionsliturgie bekannte Satz, in dem die griechische Übersetzung des Jahwenamens aufleuchtet und der entsprechend in den Ohren der Gegner Jesu gotteslästerlich geklungen haben muß: Noch ehe Abraham wurde, bin ich. (Joh 8,58)

Von Abraham ist im Neuen Testament dann immer wieder die Rede, wo die wahre Gestalt des Glaubens besprochen wird (vgl. z. B. Hebr 11). Der Streit mit den Juden findet eine starke Zuspitzung, wo im Galaterbrief an die zwei Söhne Abrahams erinnert wird, Ismael, den Sohn der Natur, und Isaak, den Sohn der Verheißung, dann aber – gegen den ursprünglichen Sinn – das jüdische Volk samt dem Sinai-Bund mit dem Sohn der Hagar und seiner Nachkommenschaft identifiziert wird, während für die Kirche die Zugehörigkeit zur Nachkommenschaft des Sohnes der Freien reklamiert wird.

Im Vorgriff auf eine spätere Befassung mit dem Islam können wir das Bild Abrahams dadurch abrunden, daß wir in Kürze auf die Stellung Abrahams im Koran eingehen und dabei die sogenannte „Abrahamslegende“ erläutern. Darin löst Muhammad den Streit um die wahre Abrahamsnachkommenschaft auf eigene Weise. Wie Hermann Stieglecker es formuliert, ist Abraham der „Vater der Propheten“, insofern er der Urahn Muhammads und vieler anderer Propheten ist; letztere aber stehen in der Nachfolgereihe des Isaak:

Der Stammbaum Abrahams hat also zwei mächtige Äste ausgetrieben, die in Bezug auf Würde und Ansehen einander die Waage halten: der eine davon ist Muhammad und der andere stellt die übrigen Propheten dar. Daraus ersieht man, daß Muhammad allein in der Offenbarungsgeschichte soviel bedeutet wie alle anderen Propheten aus dem Geschlecht Abrahams zusammengenommen.

Ismael wie Isaak sind beide wahre Söhne Abrahams. In Auseinandersetzung mit Juden und Christen besteht Muhammad aber in Sure 2,124–134 darauf, daß Abraham und Ismael in göttlichem Auftrag nach Mekka gezogen seien, um dort das Heiligtum vom Götzendienst zu reinigen, die Ka'ba zu erbauen und den wahren Kult des einen Gottes einzurichten. Es gilt:

> Gottes ist der Osten und der Westen. Wohin ihr euch auch wenden möget, dort ist das Antlitz Gottes. Gott umfaßt und weiß alles. (Sure 2,115)

2. Zwischenüberlegung

a) Fortgang der Geschichte

Auch wenn wir vom Judentum als der Wurzel des Christentums sprechen und uns dann konsequenterweise rückwärts wenden, ist diese Blickrichtung aus mehreren Gründen nicht durchzuhalten. Einmal lebt eine Wurzel, wenn sie nicht tot ist, in der Gegenwart fort. Das aber ist umso mehr zu bedenken, wenn – um im Bild zu bleiben – das Christentum nur ein Ast ist, der dem Wurzelgrund entstammt, die Wurzel aber vor allem im älteren, Christen wie Juden gemeinsamen Stammstück fortlebt und das Judentum selbst am selben Stamm heute dem neuen Ast Christentum gegenübersteht. Juden und Christen leben im Fortgang der Geschichte heute ihre je eigene Identität.

Das Problem wird nicht geringer, wenn wir beachten, daß dort, wo wir in heutiger Zeit von Juden und Christen sprechen, sofort auch die Moslems in den Blick treten. Anders gesagt: Wir können das Verhältnis von Juden und Christen heute nicht mehr wie ein isoliertes Zweierverhältnis behandeln, ohne daß wir uns zugleich für die nächsten „Anderen", aber dann auch für alle anderen in der Welt öffnen. Das aber sind – aus der Nähe zum Judentum und Christentum heraus formuliert – zunächst die Moslems, sodann die Vertreter anderer Religionen, schließlich auch die vielen Menschen guten Willens ohne ausdrückliche religiöse Bindung.

Interessanterweise sind aber dann jene Themen, die in den an Abraham ergangenen Verheißungen sowie in den frühen Glaubensbekenntnissen des jüdischen Volkes anklingen, heute wieder die großen Themen, die zwischen uns, aber auch in den Völkern und zwischen den Völkern verhandelt werden: das Leben in der Fremde und unter Fremden, die Verheißung eines Lebensraums, eines Landes oder einer Heimat und die Freiheit der Völker, unbeschadet ihrer Rasse oder Religion. Diese Themen sind politische und religiöse Themen zugleich. Das wiederum macht darauf aufmerksam, daß Juden immer auch ethnisch definiert worden sind, der Islam stets eine kommunal- und staatspolitische, selbst eine international-politische Sinnspitze besessen hat und das Christentum zwischen beiden, selbst wo es sich politischer Optionen zu enthalten sucht, doch stets politische Auswirkungen hat, die sowohl revolutionärer wie konservativer Art sein können. Zumindest diese drei Religionen – und das war zweifellos auch ein entscheidender Grund für das oft so friedlose und kriegerische Verhältnis zwischen ihnen – haben bei aller Bindung an den welttranszendenten Gott einen ausgesprochen erdhaften Bezug.

Wenn aber das Christentum unaufhebbar an den Wurzelgrund des Glaubens und damit an das Schicksal des jüdischen Volkes gebunden bleibt, müssen sich Christen im Grunde genommen eingeladen sehen, die großen Themen der religiösen Geschichte mit den Juden zusammen im Heute zu verstehen und zu klären.

b) Im Lebensraum Jesu

Eine andere Beobachtung sei aber dann noch gemacht: Die Wiederentdeckung Jesu als eines Juden bringt es mit sich, daß die christliche Theologie heute bewußter als je zuvor im zeitgenössischen religiösen Judentum jene Religion erkennt und anerkennt, die Jesus selbst geübt hat. Dabei lehrt die heute noch lebendige jüdische Religion uns, Seiten Jesu von Nazaret zu entdecken, die bislang eher verborgen waren. Die Bemühung um dieses Verstehen muß aber auch dann fortgesetzt werden, wenn die ersten Überraschungen so groß erscheinen, daß dem Christentum auf den ersten Blick alles Neue genommen zu sein scheint. Die Entdeckungen machen gewiß kleinlauter; sie müssen aber deshalb nicht kleinmütiger machen.

Zu den lange übersehenen Einsichten gehört die Feststellung, daß Christen das, was traditionellerweise – oft mit dem Unterton „veraltetes, überholtes Testament" – als „Altes Testament" bezeichnet wird, deshalb mit tiefem Respekt lesen müssen, weil es die Bibel ist, aus der Jesus selbst gelebt hat. Das allein schon macht sie unüberholbar. Sie versetzt uns in die Geschichte des Volkes, dem Jesus entstammt, in dem er seinen Glauben an Gott bzw. sein Gottesverhältnis gelebt hat. Es enthält in den Psalmen sein Gebetbuch. Wer Jesu Umgang mit seiner Bibel entdeckt, dem geht zugleich auf, wiesehr seine Verkündigung, seine Sprache, seine Bilder und Vorstellungen in der Religion seiner Väter beheimatet sind. Jesus von Nazaret lebt aus der Bibel und der Religion seines Volkes und ist ohne sie gar nicht zu verstehen.

Daß schon aus diesem Grunde eine neue Einübung in den Umgang mit dem „Alten Testament“ ein Gebot der Stunde ist, bedarf somit keiner weiteren Begründung. Dabei mag zugleich nach einer angemesseneren Bezeichnung dieses Buches gesucht werden, wie etwa Erich Zenger es in seinem lesenswerten Buch *Das erste Testament* getan hat. Die Lösung dieser Frage ist allerdings nicht sehr einfach.

3. Fremde

Das erste große Thema der zuvor zitierten Verheißungstexte ist die Fremde. Bereits in anderem Zusammenhang (vgl. Kapitel 2) haben wir unabhängig davon auf den heute vielerseits geforderten Standortwechsel aufmerksam gemacht, der – im Gegensatz zum Descartesschen Rückzug in das eigene Ich – den Auszug in das Nicht-Ich, damit in die Fremde anrät. Der Gedanke des Anderen und des Fremden wird aber hier nun zu einer genuin mit dem Judentum verbundenen Idee. Es braucht daher auch nicht zu verwundern, daß er heute in besonderer Weise von jüdischen Denkern betont wird.

a) Fremde in der Heiligen Schrift

Wir erinnern zunächst an die Texte der Heiligen Schrift, in denen von der Berufung Abrahams die Rede ist und das heilsgeschichtliche Credo des Volkes festgehalten wird. Beide Stellen handeln von der Fremde und den

Fremden. Abraham wird aufgefordert, seine Heimat zu verlassen; die Fremde, die er aufsucht, trägt schon bei ihm den Namen „Ägypten". Im deuteronomistischen Credo heißt es dann ausdrücklich:

Mein Vater war ein heimatloser Aramäer. Er zog nach Ägypten, lebte dort als Fremder.

Auch wenn dieser letzte Vers innerjüdisch eine starke Kontroverse ausgelöst hat, bleibt bestehen: Gerade weil Israel selbst in der Fremde gewohnt hat und aus der Fremde befreit worden ist, ist die Einstellung zu allen Fremden vorgeprägt durch das eigene Schicksal. Damit ist die Kategorie des Fremden einerseits zwar ethnischer Art, andererseits aber stets auch theologisch zu verstehen. Zusammen mit Witwen und Waisen bilden die Fremden eine Menschengruppe, die eine besondere Zuwendung verdient:

Der Herr, euer Gott, ist der Gott über den Göttern und der Herr über den Herren. Er ist der große Gott, der Held und der Furchterregende. Er läßt kein Ansehen gelten und nimmt keine Bestechung an. Er verschafft Waisen und Witwen ihr Recht. Er liebt die Fremden und gibt ihnen Nahrung und Kleidung – auch ihr sollt die Fremden lieben, denn ihr seid Fremde in Ägypten gewesen. (Dtn 10,17–19; vgl. 24,17–19; 27,19 u.ö.)

Dementsprechend verliert die Kategorie des Fremden auch über die Befreiung aus der Knechtschaft Ägyptens hinaus nicht ihre Gültigkeit. So betet David:

Wer bin ich, und was ist mein Volk, daß wir die Kraft besaßen, diese Gaben zu spenden? Von dir kommt ja alles; und was wir gegeben haben, stammt aus deiner Hand. Denn wir sind nur Gäste bei dir, Fremdlinge, wie alle unsere Väter. (1 Chron 29,14f.; vgl. Hebr 11,13)

Aus der eigenen Erfahrung in der Fremde folgt:

Wenn bei dir ein Fremder in eurem Land lebt, sollt ihr ihn nicht unterdrücken. Der Fremde, der sich bei euch aufhält, soll euch wie ein Einheimischer gelten, und du sollst ihn lieben wie dich selbst; denn ihr seid Fremde in Ägypten gewesen. Ich bin der Herr, euer Gott. (Lev 19,33 f.)

Diese Forderung ist heute im Blick auf die aktuelle gesellschaftliche Praxis zu überprüfen. Da aber die religiöse und die ethnische Seite des jüdischen Volkes sich im Ursprung nur schwerlich trennen lassen, verdienen beide Perspektiven Beachtung. Insofern aber als das gesellschaftliche Verhalten der Christen bis zur Feindesliebe auf die hier beschriebene Wurzel zurückzuführen ist, stehen Christen in ihrem Verhalten Fremden gegenüber vor denselben Fragen.

b) Das dialogische Prinzip

Gehen wir aus dem biblischen Raum in die Gegenwart, so ist an dieser Stelle zunächst an Martin Bubers Philosophie des Ich-Du bzw. der Interpersonalität zu erinnern. Vor allem mit ihm verbindet sich die Einsicht, daß das Personsein weniger im Rückgriff und Rückzug auf eine selbstverteidigte Individualität zu definieren ist als wesentlich in und aus der Sozialität heraus gedacht werden muß. Gegen den Trend hat Buber im Ersten Teil von *Ich und Du* formuliert:

Es gibt kein Ich an sich, sondern nur das Ich des Grundworts Ich-Du und das Ich des Grundworts Ich-Es.

Wenn der Mensch Ich spricht, meint er eins von beiden. Das Ich, das er meint, dieses ist da, wenn er Ich spricht. Auch wenn er Du oder Es spricht, ist das Ich des einen oder das des andern Grundworts da.

Die besondere Aufmerksamkeit gilt aber dann der unmittelbaren Beziehung zum Du. Hierzu schreibt Buber:

Das Du begegnet mir von Gnaden – durch Suchen wird es nicht gefunden. Aber daß ich zu ihm das Grundwort spreche, ist Tat meines Wesens, meine Wesenstat.

Das Du begegnet mir. Aber ich trete in die unmittelbare Beziehung zu ihm. So ist die Beziehung Erwähltwerden und Erwählen, Passion und Aktion in einem. Wie denn eine Aktion des ganzen Wesens, als die Aufhebung aller Teilhandlungen und somit aller – nur in deren Grenzhaftigkeit gegründeter – Handlungsempfindungen, der Passion ähnlich werden muß.

Das Grundwort Ich-Du kann nur mit dem ganzen Wesen gesprochen werden. Die Einsammlung und Verschmelzung zum ganzen Wesen kann nie durch mich, kann nie ohne mich geschehen. Ich werde am Du. Ich werdend spreche ich Du.

Alles wirkliche Leben ist Begegnung.

Wir begnügen uns mit diesen Hinweisen, die Buber selbst vielseitig vertieft hat. In diesem Geflecht von Begegnung hat für ihn dann auch der Gottesdialog seinen Platz.

c) Der Andere

Pointierter, wenngleich im Gespräch mit Buber u. a. hat Emmanuel Lévinas das Du nicht so sehr als anderes Ich, das in gewissem Sinne immer noch von dem – wie auch immer mir bekannten – Ich aus verstanden wird, sondern in seiner Andersheit betont. So schreibt er:

Im Sprechen im Dialog, im Ansprechen eines Du durch das Ich geschieht ein außerordentlicher und unmittelbarer Übergang, der stärker ist als jedes ideale Band und als jede Synthese, die das Ich denke in seinem Angleichen- und Begreifen-Wollen verwirklichte. Ein Übergang, wo es keinen Übergang mehr gibt. Gerade weil das Du absolut anders ist als das Ich, gibt es, von einem zum anderen, Dialog. Dies ist vielleicht die paradoxe Botschaft jeder Philosophie des Dialogs oder eine Art, den Geist durch die Transzendenz, d. h. durch die Sozialität, durch die unmittelbare Beziehung zum anderen zu definieren.

Damit befinden wir uns auf neue Weise auf dem Feld der Fremdheit und der Offenheit zugleich. Der Ort scheint, selbst wenn er an jüdische Ursprünge erinnert, frei von religiöser Sprache und Bildern. Vielleicht macht gerade diese Beobachtung die Macht der Situation aus. Selbst in zerbrechender Sprache bleibt Lévinas nach seiner eigenen Auschwitzerfahrung in Hörnähe. Es gehört viel Mut dazu, in dieser Situation noch zu sagen:

> Der Satz, in dem Gott zum ersten Mal ins Wort kommt, heißt nicht „ich glaube an Gott". Die jeder religiösen Rede voraufgehende religiöse Rede ist nicht der Dialog. Sie ist das „sieh mich, hier bin ich", das ich zum Nächsten sage, dem ich ausgeliefert bin; das „sieh mich, hier bin ich", mit dem ich den Frieden, d. h. meine Verantwortlichkeit für den Anderen, verkünde. „ ... als Schöpfer der Frucht ihrer Lippen.. Frieden, Frieden dem Fernen und dem Nahen, spricht der Ewige." (Jes 57,19)

4. Land und Freiheit

a) Landverheißung

Die religiöse Grundlage jüdischer Identität ist der Glaube an den Gott Israels, der dem Volk Land verheißt, seine Treue verspricht, sie im Bund sanktioniert und mit seiner Gegenwart in seinem Volke besiegelt. Entsprechend ist die Geschichte Israels als eine Geschichte ständiger Zwiesprache zwischen dem Volk und Gott, der „mit ihm ist", beschrieben worden. Die Überzeugung von dieser Verheißung gründet aber bereits in den Verheißungen Gottes an die Väter, an Abraham (vgl. Gen 12,7f; 13,15; 15,7. 18; 24,7), Isaak (vgl. Gen 26,2–4) und Jakob (vgl. Gen 28,13–19). Sie findet ihre Vollgestalt, wo die Befreiung aus der Sklaverei Ägyptens den Einzug in das Land zur Erfahrung von Heimat und Freiheit werden läßt, wie es dann in den späteren Glaubensbekenntnissen seinen Ausdruck findet.

Seit dieser Zeit kehrt in allen Wechselfällen der Geschichte des jüdischen Volkes das Denken und die Sehnsucht der Juden nach diesem Land und nach Zion, dem Wohnort Gottes, zurück. Da die Volkszugehörigkeit sich im übrigen nicht in einer spirituell-religiösen Mitgliedschaft erschöpft, sondern zugleich ethnischer Natur ist, läßt sich auch die Verheißung des Landes letztendlich nicht zu einer Idee verflüchtigen oder spiritualisieren. Sie ist im Laufe der Geschichte, auch da, wo das Volk in der Diaspora, also zerstreut in anderen Ländern, lebte, ein politisch wirksamer Impuls geblieben. Wenn daher in unserem Jahrhundert am 14. Mai 1948 der unabhängige Staat Israel wiedererrichtet wurde, hat das, auch wenn die Gründung nicht monokausal auf religiöse Motive zurückgeführt werden kann, auf jeden Fall einen wesentlichen Grund in der religiösen Grundüberzeugung des Judentums.

Kommen aus der Fremde, Einzug in das Land und Befreiung durch den Gott der Väter gehören im jüdischen Credo zusammen. Wenn das Christentum sich seiner Wurzel erinnert, kommt es an der Erdenhaftigkeit dieses Glaubens nicht vorbei. Freilich ist es dann leichter, von der Fremde zu sprechen als von dem Land, das das Volk vor Jahrtausenden für sich in Besitz genommen hat. Christen werden sich an dieser Stelle aber nicht einfach aus dem Diskurs ausklammern können. Sie werden einmal das jüdische Selbstverständnis verstehen müssen, sodann aber auch gezwungen sein, selbst zur Sache Stellung zu beziehen.

b) „Anamnetische Kultur"

Johann Baptist Metz hat im Zusammenhang mit der jüdischen Geschichte, zumal mit dem Holocaust, auf den von dieser Geschichte geforderten Umgang mit ihr aufmerksam gemacht. Was er dabei zu bedenken gibt, läßt sich aber nicht auf Auschwitz beschränken, sondern betrifft den Gesamtkomplex jüdischer Existenz. Metz möchte unterschieden wissen zwischen einer eher neugierdegeleiteten, erkenntnis- und diskursorientierten Haltung und einer gedächtnisorientierten, anamnetischen Haltung. Beiden Haltungen korrespondieren entsprechende Kulturen. Metz selbst fordert die Hinwendung zu einer „anamnetischen Kultur".

„Anamnese" ist im Christentum selbst kein Fremdwort. Das zentrale Ereignis christlicher Existenz ist der Vollzug der Erinnerung an Jesu Kreuz und Leiden, seine Auferstehung und Erhöhung. Liturgisch heißt es auf dem Höhepunkt der Eucharistiefeier: „Tut dies zu meinem Gedächtnis!" Dennoch stellt sich zu Recht die Frage, ob die liturgische Anamnese sich wirklich in einer anamnetischen Kultur fortsetzt.

Ein starkes Gegenargument bleibt hier die Tatsache, daß bis in die Gegenwart hinein das christlich-jüdische Verhältnis durch die sogenannte *Substitutionstheorie* belastet ist. Diese besteht darin, daß das Christentum das Judentum in den zentralen Verheißungsinhalten zu beerben suchte. Die Verheißung des Landes und des großen Volkes ging dabei dadurch unter, daß die Kirche sich als das „neue Israel", das „neue Jerusalem", das „neue Volk Gottes" verstand und Würdenamen wie „auserwähltes Geschlecht", „königliche Priesterschaft", „heiliger Stamm", „Volk, das sein – Gottes – besonderes Eigentum wurde," der Christenheit beigelegt wurden (vgl. 1 Petr 2,9).

Diese Theorie verliert in der christlichen Theologie heute zusehends an Boden. Doch wird man nach wie vor kaum behaupten können, daß sie ihre Bedeutung verloren hat. Die zurückhaltenden Stellungnahmen zum neuen Staat Israel wie auch die mangelnde Befassung mit den politisch-religiösen Fragestellungen, die gerade aufgrund der Neuerrichtung dieses Staates zwischen den Völkern und den beteiligten Religionen neu aufgebrochen sind, bezeugen eher, daß es hier an überzeugenden Perspektiven fehlt. Metz sieht jedenfalls in der Verdrängung der Tatsache, daß es eine bleibende Bedeutung Israels für die Christen gibt, den Grund dafür, daß das Christentum und seine Theologie weithin blind sind für den Umstand, „daß der biblische Monotheismus, daß Israel die Wurzel ist und bleibt sowohl für das Christentum wie auch für den Islam und daß deshalb Auschwitz ein Attentat auf alles war, was nicht zuletzt den Christen hätte heilig sein müssen“.

Die Enterbung Israels hat aber noch einen weiteren Grund:

Die Art, wie das Christentum zur Theologie wurde, war nämlich zu sehr von der Auffassung geleitet, der Glaube komme zwar aus den biblisch-israelitischen Traditionen, der Geist indessen ausschließlich aus dem Griechentum, also aus einem subjektlosen und geschichtsfernen Seins- und Identitätsdenken, für das Ideen allemal fundierender sind als Erinnerungen. Zu sehr verstellt bleibt das Geist- und Denkangebot aus den biblischen Traditionen selbst: das Bundesdenken als geschichtliches Eingedenken, die Zeit als Horizont des Seins – und im Zusammenhang damit die anamnetische Grundverfassung des Geistes.

Mit dem Primat des ideengeleiteten Denkens gegenüber dem erinnerungsgeleiteten sucht die christliche Theologie ihren universellen Anspruch zu sichern und modernitätsverträglich zu formulieren. Ob das wirklich gutgeht?

Mit diesen Überlegungen treibt Metz Juden wie Christen in jenen Bereich menschlicher Geschichte zurück, den wir selbst unter den Perspektiven „Fremde“ wie „Land“ – im Sinne von „Heimat“ als „Freiheit“, „Frei-Raum“ und „Frei-Zeit“ – als Momente göttlicher Verheißung vorgestellt haben. Wo die Erinnerung gemeinsam vollzogen wird, ergibt sich als unmittelbare Konsequenz dann auch, daß christliche Theologie im Bewußtsein gemeinsamer Verwurzelung im Grunde genommen nur als Dialog mit Überlebenden betrieben werden kann. Juden können niemals mehr wie Objekte im theologischen Diskurs behandelt werden; sie müssen als Subjekte der Theologie zugelassen werden.

An der damit geforderten innerchristlichen Bewußtseinsveränderung hat die deutsche Kirche in besonderer Weise mitzuwirken. Zu Recht hat deshalb die Gemeinsame Synode der deutschen Bistümer in ihrem Beschluß *Unsere Hoffnung* IV,21975 betont:

Gerade wir in Deutschland dürfen den Heilszusammenhang zwischen dem altbundlichen und neubundlichen Gottesvolk, wie ihn auch der Apostel Paulus sah und bekannte, nicht verleugnen oder verharmlosen. Denn auch in diesem Sinn sind wir in unserem Land zu Schuldnern des jüdischen Volkes geworden. Schließlich hängt die Glaubwürdigkeit unserer Rede vom „Gott der Hoffnung“ angesichts eines hoffnungslosen Grauens wie dem von Auschwitz vor allem daran, daß es Ungezählte gab, Juden und Christen, die diesen Gott sogar in einer solchen Hölle und nach dem Erlebnis einer solchen Hölle immer wieder genannt und angerufen haben.

5. Zwiesprache mit Gott

Die Verheißungen, aus denen Israel lebt, verweisen auf Israels Gott. Von gleicher Würde wie die Verheißungen selbst ist für das Judentum bis heute das Wort:

Höre, Israel! Jahwe, unser Gott, ist einzig. Darum sollst du den Herrn, deinen Gott, lieben mit ganzem Herzen, mit ganzer Seele und mit ganzer Kraft. Diese Worte, auf die ich dich heute verpflichte, sollen auf deinem Herzen geschrieben stehen. (Dtn 6,4–6)

Die Stimme dieses Gottes vernimmt Mose in der Wüste, wohin er aus der Sklaverei Ägyptens geflohen ist, aus dem brennenden Dornbusch. Gott stellt sich dort als der Gott seines Vaters vor, als „Gott Abrahams, Isaaks und Jakobs" (Ex 3,6). Was später zum Bekenntnis Israels wird, ist hier Gottes eigenes Verheißungswort:

Ich habe das Elend meines Volkes in Ägypten gesehen, und ihre laute Klage über ihre Antreiber habe ich gehört. Ich kenne ihr Leid. Ich bin herabgestiegen, um sie der Hand der Ägypter zu entreißen und aus jenem Land hinaufzuführen in ein schönes, weites Land, in ein Land, in dem Milch und Honig fließen ... (Ex 3,7f.)

Die Begegnung des Mose mit dem Gott der Väter ist geprägt von seiner Zwiesprache mit Gott. Bei allem Respekt vor ihm wagt er es, Gott nach seinem Namen zu fragen. Die von Gott gegebene Antwort, in der er sich offenbart, ist bis heute eines der großen, geschichtsprägenden Worte geblieben:

Ich bin der „Ich-bin-da" ... So sollst du zu den Israeliten sagen: Der „Ich-bin-da" hat mich zu euch gesandt .... So sag zu den Israeliten: Jahwe, der Gott eurer Väter, der Gott Abrahams, der Gott Isaaks, der Gott Jakobs, hat mich zu euch gesandt. Das ist mein Name für immer, und so wird man mich nennen in allen Generationen. (Ex 3, 14f.)

Der Umgang Jahwes mit Mose ist in gewissem Sinne typisch für die Erfahrungen, die Menschen mit Gott machen. Dieser Umgang läßt sich sowohl in die Vorzeit zu den Vätern hin wie auch in die Zukunft hinein zu den Propheten und dann weiter in die jüdische Geschichte hinein weiterverfolgen und, weil es um Erfahrungen von Menschen geht, weitererzählen. In keiner Religion ist eine so eindrucksvolle Erzählkultur entwickelt worden wie im Judentum.

Das jüdische Gottesverhältnis ist aber dann von einer eigentümlichen Dialektik von Nähe und Distanz, Intimität und Unnahbarkeit geprägt. An dieser Stelle ist auch, ohne daß wir es hier näher ausführen, auf die aus dem Bund mit Israel bekannte Eifersucht Gottes bis hin zur Rede von Gottes Reue und Rache zu achten. Grundlegend ist für den Menschen die Haltung des Hörens, die erst, wo sie ihres interpersonalen Charakters beraubt ist, zu einem Gehorsam entartet, der heutigen Menschen unverständlich wird. Gott in seiner Personalität aber teilt sich mit im Wort, nennt seinen Namen, ist ansprechbar. Das ist Israels Glück. Doch schon bei Mose entdekken wir eine weiterreichende Sehnsucht.

In Ex 33,12–23 wird eine weitere merkwürdige Zwiesprache des Mose mit Gott wiedergegeben, in der er Gott bittet, ihn seine „Herrlichkeit“ (hebr. *kabod,* griech. *doxa,* lat. *gloria)* sehen zu lassen. Das wird ihm verwehrt:

> Du kannst mein Angesicht nicht sehen; denn kein Mensch kann mich sehen und am Leben bleiben.
>
> Dann sprach der Herr: Hier, diese Stelle da! Stell dich an diesen Felsen! Wenn meine Herrlichkeit vorüberzieht, stelle ich dich in den Felsspalt und halte meine Hand über dich, bis ich vorüber bin. Dann ziehe ich meine Hand zurück, und du wirst meinen Rücken sehen. Mein Angesicht aber kann niemand sehen. (Ex 33,20–23)

Nicht Gottes Angesicht, wohl Gottes Rücken kann Mose sehen. In gewissem Sinne rechtfertigt dieses Gotteswort unser eigenes Vorgehen. Wir haben von der Fremde, vom weiten Land und der bleibenden Sehnsucht nach dem Land, von Entfremdung und Unfreiheit einerseits und Befreiung und Freiheit andererseits, vom erinnernden Blick rückwärts und vom hoffenden Blick vorwärts gesprochen. Wo all das im Hinblick auf die Juden zur Sprache gebracht wird, ist Gott stets im Spiel, aber – wie wir nun bemerken – eigentlich niemals frontal, sondern gleichsam im Nachhinein. Es sind geschenkte Augenblicke, in denen die Gegenwart dieses Gottes aufleuchtet, aufblitzt.

Aus der Geschichte der Propheten sei exemplarisch die Gottesbegegnung des Elija angeführt, die wie die des Mose zum „Gottesberg Horeb" verlegt ist (vgl. 1 Kön 19). Elija ist auf der Flucht, läuft voller Angst um sein Leben und fühlt sich am Ende schlecht, „nicht besser als die Väter" (v.4). Auch hier geschieht Zwiesprache. Doch die wahre Begegnung mit Gott geschieht in einem „sanften, leisen Säuseln":

> Als Elija es hörte, hüllte er sein Gesicht in den Mantel, trat hinaus und stellte sich an den Eingang der Höhle. Da vernahm er eine Stimme, die ihm zurief: Was willst du hier, Elija? (v.13)

Der Gott Israels ist ein Gott des Weges. Er begleitet sein Volk in der Fremde, ist anwesend im Land, Befreier aus Ägypten, aber – das ist dann eine spätere wichtige Einsicht – gegenwärtig, wo das Volk im Exil ist, in der Zerstreuung lebt, den Tempel verliert, verfolgt wird durch die Jahrhunderte und sich dennoch an die Verheißungen hält. Gott befreit und leidet mit seinem Volk. Ihm danken die Menschen, ihn loben sie, mit ihm ringen sie, zu ihm rufen sie. Ihn erfahren sie als Redenden und Schweigenden. Er ist der „Gott der Menschen".

In der Geschichte des jüdischen Volkes wächst am Ende auch die Einsicht, daß dieser eine und einzige Gott Schöpfer Himmels und der Erde ist, das All in seinen Anfängen wie seinem Ende umfängt. In der Formel des Glaubens gesagt: Er ist nicht nur Schöpfer, sondern auch Richter und Vergelter. Er umfängt die Zeiten. In ihm ist am Ende das Schicksal der Zeiten, aber auch das Ende selbst beschlossen. Dahin sind die Juden mit allen Menschen der Erde auch heute noch unterwegs.

Viertes Zwischenergebnis

1. Das Judentum ist die bleibende Wurzel des Christentums; darüberhinaus sind in Abraham nicht nur Judentum und Christentum, sondern auch Judentum, Christentum und Islam bleibend verbunden.

2. Das Judentum weiß sich religiös wie ethnisch verankert in dem einen Gott, zu dem es sich als Schöpfer und Herrn der Welt bekennt und den es als in der Geschichte anwesend und wirksam, mitleidend und befreiend erfährt.

3. Die Geschichtsmächtigkeit Gottes gibt seinen Verheißungen vor aller Jenseitigkeit spürbare Erdennähe. Diese bleibt für die Juden konstitutiv im Spannungsverhältnis von Fremde und Land, in der Erfahrung der Fremde als Heimat.

4. Das Christentum kann sich der Konfliktsituation irdischer Existenz nicht dadurch entziehen, daß es Israel in seinen Verheißungen spirituell zu beerben sucht und Israel mit seiner Geschichte alleinläßt, zumal die Geschichte des Christentums ihrerseits schuldhaft mit der Geschichte des Judentums verwoben bleibt.

5. Juden und Christen müssen auch in Zukunft als Äste der gemeinsamen Wurzel in Blicknähe bleiben und um ein gemeinsames Verständnis des einen göttlichen Gesetzes über und in dieser Welt ringen.

Ein nächster Schritt auf dem Weg gemeinsamer Verständigung ist die Bemühung um die Fremden, die sich beiden Religionen seit dem beginnenden 7. Jahrhundert zunächst in der Gestalt des Islam aufgedrängt hat.

Literaturhinweise

M. Buber, Das dialogische Prinzip, Heidelberg ³1973.

R. Friedli, Fremdheit als Heimat. Auf der Suche nach einem Kriterium für den Dialog zwischen den Religionen, Fribourg 1974.

E. Lévinas, Dialog, in: F. Böckle u. a. (Hrsg.), Christlicher Glaube in moderner Gesellschaft, Bd. 1., Freiburg 1981, 61–85.

Ders., Gott und die Philosophie, in: B. Casper (Hrsg.), Gott nennen. Phänomenologische Zugänge, Freiburg/München 1981, 81–123.

J. B. Metz, Für eine anamnetische Kultur, in: H. Loewy (Hrsg.), Holocaust. Die Grenzen des Verstehens. Eine Debatte über die Besetzung der Geschichte, Reinbek 1992, 35–41.

M. A. Meyer, Jüdische Identität in der Moderne, Frankfurt 1992.

K. Prümm, Christentum als Neuheitserlebnis. Durchblicke durch die christlich-antike Begegnung, Freiburg 1939.

M. Roentgen, Alles verstehen hieße alles verzeihen ... Prolegomena zu Anlaß und Unmöglichkeit von theologischen Reflexionen nach Auschwitz, Bonn 1991.

H. Stieglecker, Die Glaubenslehren des Islam, Paderborn 1962.

H. Waldenfels, Kontextuelle Fundamentaltheologie, Paderborn ²1988.

E. Zenger, Das Erste Testament. Die jüdische Bibel und die Christen, Düsseldorf 1991.

V

Der Islam: Gottes letztes Wort?

Zweimal 1492

Die Erinnerung an die Entdeckung Amerikas vor 500 Jahren im Jahre 1492 deckt ein anderes Ereignis zu, das ebenfalls in das Jahr 1492 fiel: Der Anfang der *Conquista* fällt zusammen mit dem Ende der *Reconquista.* 1492 wurde Granada als letztes islamisches Bollwerk von den unter Ferdinand von Aragón und Isabella von Kastilien vereinigten spanischen Königreichen zurückerobert. Damit endete vorerst der islamische Einfluß im Westen, und der Blick konnte sich unbehindert nach Westen wenden. Damit lag aber für die beginnende Neuzeit der ganze Nahe Osten, der islamische wie der christliche, im Rücken; wenigstens zeitweilig konnte der „Ferne Westen" sich ganz auf sich und seine Interessen konzentrieren.

Dabei sollte nicht vergessen werden, daß die Entdekkungsfahrten über den Atlantik es auch damit zu tun hatten, daß sich die von den Muslimen blockierten Landwege nach Indien und Zentralasien nur auf dem Seeweg, also auf dem Weg nach Westen, umgehen ließen. Daß zwischen Europa und Indien, Europa und Asien auf dem Seeweg nach Westen Amerika lag, gehörte zu den Überraschungen, die die Seefahrer erlebten.

Auf jeden Fall verbindet sich mit dem Islam trotz aller kulturellen Bedeutsamkeit, die heute im Hinblick auf die Entwicklung der mittelalterlichen Philosophie und

Theologie gerne betont wird, – politisch bis zu endgültigen Überwindung der Umklammerung Europas in der Schlacht am Kahlenberg bei Wien am 12. September 1683, religiös bis in unsere Tage – ein starkes Gefühl der Bedrohung. Das Gefühl der religiösen Bedrohung des Islam rührt wesentlich daher, daß er bislang die bedeutendste nachchristlich entstandene Weltreligion ist und sich – über Judentum und Christentum hinaus – als „Gottes letztes Wort" versteht.

Inzwischen hat das religiös-politische Spannungsgefüge aus verschiedenen Gründen erneut an Intensität gewonnen. Einmal haben sich durch die modernen Migrationsbewegungen starke muslimische Gruppen auf friedvolle Weise in den zentraleuropäischen Ländern festgesetzt. Sie reklamieren heute gleiche gesellschaftliche Rechte für sich wie die christlichen Kirchen. Sodann sind alle drei abrahamitischen Religionen in den Streit um Jerusalem und das Heilige Land verwikkelt. Schließlich sind durch den Golfkrieg die übrigen Länder der Welt mit der Stärke der arabischen Nationen und ihrem Konfliktspotential, aber auch mit den der westlichen Welt eher fremden Begründungen islamischen Denkens und Verhaltens konfrontiert worden.

Auf eine von Säkularisierung geprägte westliche Gesellschaft, in der die gelebte Religion mehr und mehr in das private Leben der Bürger zurückgedrängt ist, wirkt eine theozentrische Religion wie der Islam auf jeden Fall zunächst erschreckend, selbst wenn es inzwischen auch im Westen zahlreiche Menschen gibt, die der Islam zu faszinieren beginnt. Der Schrecken verbirgt sich heute zumeist hinter dem Schlagwort des „islamischen Fundamentalismus". Dennoch wächst auf der Suche nach einer Alternative zum Christentum und den politischen Surrogaten, die sich wie der Marxismus oder auch der Liberalismus in die Rolle religiöser Optionen zu spielen suchten, das Interesse zu beobachten, wie es der theozentrischen Religion des Islam gelingt, mit den Problemen einer modernen, von naturwissenschaftlicher Forschung und Technologie geprägten Welt zurechtzukommen.

1. Radikaler Monotheismus

a) Glaubensbekenntnis

Grundlage des Lebens eines gläubigen Moslems ist das Bekenntnis zu dem einen Gott und seinem Propheten (Shahada):

Es gibt keinen Gott außer Gott,
und Muhammad ist sein Prophet.

In diesem Glaubensbekenntnis weiß sich der Gründer des Islam zutiefst dem Judentum verbunden. In beiden Religionen geht es um den einen und einzigen Gott. Doch wenn sich im Judentum die Aufmerksamkeit schnell auf die Inhalte der fundamentalen Verheißungsworte richtet und Gott dann gleichsam im Rückblick auf die erfahrene Geschichte als in ihr wirksam und gegenwärtig erkannt wird, so sieht sich der Moslem vor aller Hinwendung zur Welt schlechthin an seinen Gott verwiesen. Sein erstes und letztes Wort ist *Allah*, „der Gott". Alles Leben und Sein ist ihm gegenüber *„Islam"*, „Unterwerfung unter bzw. Hingabe an Gott". *Islam* ist folglich auch der Name seiner Religion.

Wo die Kirche in der Konzilserklärung *Nostra aetate* 3 vom Islam spricht, betont sie zu Recht die Gemeinsamkeit des Glaubens an den einen und einzigen Gott:

Mit Hochachtung betrachtet die Kirche auch die Muslim, die den alleinigen Gott anbeten, den lebendigen und in sich seienden, barmherzigen und allmächtigen, den Schöpfer Himmels und der Erde, der zu den Menschen gesprochen hat.

Angesichts der Tatsache, daß es bis in die Gegenwart hinein Menschen gibt, die die Gemeinsamkeit des Gottesglaubens zwischen den drei Religionen leugnen wollen, ist dieser Satz von unübersehbarer Wichtigkeit. Die grundlegenden Inhalte des Gottesglaubens – wir glauben Gott als den Schöpfer und als den Richter und Vollender der Welt (vgl. auch Hebr 11,6) – verbinden Juden, Christen und Moslems. Unterschiede treten dort auf, wo die Inhalte der Verheißung verglichen werden.

b) „Wildeselmenschen"

Nun hält auch das Konzil fest, daß die Frage nach der gemeinsamen Wurzel über Judentum, Christentum und Islam hinweg zu Abraham führt. Beide Söhne Abrahams stehen, selbst wenn Ismael mehr und mehr aus dem Blickfeld rückt, tatsächlich im biblischen Verständnis bleibend unter dem Verheißungswort des einen Gottes. Freilich gibt es hier nachträglich einen bedeutungsvollen Unterschied. Zwar wird auch dem Ismael eine unübersehbar große Nachkommenschaft verheißen, jedoch kein Land; stattdessen heißt es von ihm:

> Er wird ein Mensch sein wie ein Wildesel.
> Seine Hand gegen alle, die Hände aller gegen ihn!
> Allen seinen Brüdern setzt er sich vors Gesicht. (Gen 16,12)

„Wildeselmensch" aber bedeutet: frei und ungebunden wie ein Wildesel leben, aber auch gestoßen und umhergetrieben werden wie ein Wildesel in der Wüste. Es gibt darüberhinaus einen eigentümlichen Tonfall im Koran, wenn dort die Anhänger der beiden anderen Religionen als „Leute der Schrift" bezeichnet werden. Tatsächlich fehlte den „Wildeselmenschen" offensichtlich nicht nur das beheimatende Land; sie litten an einer noch größeren Armut. Denn im Gegensatz zu Juden und Christen hatten sie keine Heilige Schrift, kein Wort der Verheißung, auf das sie bauen konnten wie Juden und Christen. Die Juden waren das auserwählte Volk. Die christliche Botschaft von der Aufhebung der Trennwände zwischen Juden und Heiden, Erwählten und Nichterwählten aber muß die Menschen in der Wüste nicht erreicht haben.

Unbestritten hat der Gründer der neuen Religion Muhammad (ca. 570–632) sich den benachbarten monotheistischen Religionen gestellt. Das ist gesichert, auch wenn die Wissenschaft weiterhin bemüht ist, etwa die Christentumsgestalten genauer in den Blick zu bekommen, mit denen es Muhammad und seine Volksgenossen vordringlich zu tun hatten. Feststeht auch, daß Muhammad den Menschen in der Wüste eine Botschaft vermittelte, die diesen den Mut gab, die Konkurrenz mit den „Leuten der Schrift" zu suchen. So eröffnete Muhammad seinen Landsleuten die Einsicht, daß auch sie Kinder Abrahams sind und unter dem Wort der Verheißung Gottes stehen. Von Gott hat Muhammad dann den Auftrag erhalten, nach göttlichem Diktat den *Koran* – neben Tora und Evangelium die dritte Heilige Schrift – niederzuschreiben. Vermutlich erinnert die Bezeichnung *Koran* noch an den in Sure 96, 1–5 erteilten göttlichen Auftrag zu „rezitieren":

Im Namen des barmherzigen und gütigen Gottes.
Trag vor im Namen deines Herrn, der erschaffen hat,
den Menschen aus einem Embryo erschaffen hat!
Trag vor! Dein Herr ist edelmütig wie niemand auf der Welt,
(er) der den Gebrauch des Schreibrohrs gelehrt hat,
den Menschen gelehrt hat, was er (zuvor) nicht wußte.
(Sure 46, 1 ff)

Wenn nicht alles täuscht, drücken über die beiden anderen monotheistischen Religionen hinweg die Worte eines *Hadith* das eigentümliche Schicksal der Moslems aus:

> Der Islam ist in der Fremde geboren, und er wird als Fremder enden;
> selig sind die, die sich zu diesem Schicksal unter Fremden bekennen.

Man kann leicht ermessen, welche Wirkung die Seligpreisung der „draußen", „in der Ferne", „in der Wüste" Lebenden bis heute unter den unterprivilegierten Völkern und Rassen der Erde zeitigen muß. Zwar liegen zwischen dem Beginn der islamischen Bewegung und unserer Zeit mehr als 13 Jahrhunderte. Doch der Hegemonieanspruch zumal des Christentums ist durch die in dieser Zeit wachsende Verknüpfung von Europa und Christentum nicht geringer geworden. Die Krise des Hegemonieanspruchs – im Raum des Christentums selbst in diesem Jahrhundert zumeist als „Absolutheitsanspruch des Christentums" bezeichnet – trifft denn auch die westliche Welt und die westliche Gestalt des Christentums, vor allem wenn diese als die Gestalt des Christentums schlechthin aufgefaßt wird, in gleicher Weise. Gegen diesen Anspruch steht das „Siegel der Propheten" mit Gottes „letztem Wort".

2. „Siegel der Propheten"

a) Muhammad und Jesus

Die nachchristliche Entstehung des Islam zwingt diesen, sich selbst von den vorausgehenden Offenbarungsreligionen abzuheben. Gehört das Judentum zum Wurzelwerk des Christentums, so ist das Christentum zwar –

wie wir im Blick auf die Weggabelungen im Leben des Abraham feststellen konnten – keine Wurzel des Islam, doch kommt es bereits im Koran zu deutlichen Abgrenzungen und Standortbestimmungen.

Das christliche Selbstverständnis ist wesentlich an zwei zentrale Punkte gebunden:

1. das eigentümliche Gottesverständnis, das Gott als dreifaltig bekennt, und

2. die heilsvermittelnde Stellung des menschgewordenen Gottessohnes.

Gerade auf der Menschwerdung des einen und einzigen Gottes in Jesus von Nazaret und der Bindung endgültigen Heils an seinen Tod und seine Auferstehung beruht der christliche Anspruch, in Jesus Gottes letztgültiges Wort an die Menschheit zu erkennen. Beides stößt im Islam auf erbitterten Widerstand und am Ende auf Ablehnung.

Die Ablehnung der Dreifaltigkeit Gottes setzt bei der Ablehnung der Göttlichkeit Jesu ein; sie erkennt im Trinitätsglauben am Ende einen Rückfall in den Polytheismus:

> Ungläubig sind diejenigen, die sagen: ‚Gott ist Christus, der Sohn der Maria.‘ Sag: Wer vermöchte gegen Gott etwas auszurichten, falls er (etwa) Christus, den Sohn der Maria, und seine Mutter und (überhaupt) alle, die auf der Erde sind, zugrunde gehen lassen wollte? Er schafft, was er will, und hat zu allem die Macht. (Sure 5,17)

Es widerspricht aber der Einzigkeit Gottes, ihm eine Sohnschaft – im Sinne einer biologischen Gottessohnzeugung – zuzuschreiben:

> Ihr Leute der Schrift! Treibt es in eurer Religion nicht zu weit und sagt gegen Gott nichts aus, als die Wahrheit! Christus Jesus, der Sohn der Maria, ist nur der Gesandte Gottes und sein Wort, das er der Maria entboten hat, und Geist von ihm.

Darum glaubt an Gott und seine Gesandten und sagt nicht (von Gott, daß er in einem) drei (sei)! Hört auf (so etwas zu sagen)! Das ist besser für euch. Gott ist nur ein einziger Gott. Gepriesen sei er! (Er ist darüber erhaben) ein Kind zu haben. Ihm gehört (vielmehr alles), was im Himmel und auf der Erde ist. Und Gott genügt ein Sachwalter. Christus wird es nicht verschmähen, ein (bloßer) Diener Gottes zu sein, auch nicht die (Gott) nahestehenden Engel. (Sure 4, 171 f.)

Noch älter ist Sure 112, wo es heißt:

Im Namen des barmherzigen und gnädigen Gottes. Sag: Er ist Gott, ein Einziger, Gott, durch und durch. Er hat weder gezeugt, noch ist er gezeugt worden. Und keiner ist ihm ebenbürtig. (Sure 112)

Bei all dem geht aber Muhammad in der Hervorhebung Jesu soweit, wie er nur eben kann. Mit den Christen bekennt er sich zur jungfräulichen Geburt Jesu aus Maria. Sie ist für ihn Ausdruck einer Gottgebundenheit, die Jesus ganz von Gott, seiner Mächtigkeit und seinem Willen bestimmt und umfangen sein läßt. Er ist ausgezeichnet in seinem Tod, abberufen von Gott und in den Himmel erhoben, den Ungläubigen entrückt (vgl. Sure 3,55), Zeuge im Gericht am Ende der Tage (vgl. Sure 4,158 f.). Im übrigen aber ist Jesus bzw. *Isa,* wie er im Koran heißt, eingefügt in die Geschichte der Propheten.

b) „Siegel“

Von Muhammad heißt es dann im Koran:

Muhammad ist nicht der Vater von (irgend)einem eurer Männer (auch wenn dieser sein Nennsohn ist). Er ist vielmehr der Gesandte Gottes und das Siegel der Propheten (d. h. der Beglaubiger der früheren Propheten, oder der letzte der Propheten). Gott weiß über alles Bescheid. (Sure 3,40)

Muhammad ist als Warner von Gott zu Leuten gesandt, zu denen vor ihm noch kein Warner gekommen war und die sich nun vielleicht „rechtleiten“ lassen (vgl. Sure 32,3). Als Prophet ist er Sprachrohr Gottes. Der Koran ist folglich weder das Produkt eines Dichters noch eines Wahrsagers; er ist, wie es schon im Koran selbst heißt, als Offenbarung vom „Herrn der Menschen in aller Welt“ herabgesandt worden (vgl. Sure 69,38–52; 15,105). Die Initiative liegt voll und ganz auf der Seite Gottes. Der Mensch hat von seiner Seite keine Möglichkeit, den Abstand zwischen Gott und Mensch zu überbrücken und von sich aus eine Relation zu Gott herzustellen.

Gegenüber der voraufgehenden Prophetengeschichte, zumal den bei Juden wie Christen zutage tretenden Abweichungen von der ursprünglichen Botschaft Gottes hat somit Muhammad als Gesandter Gottes sowohl eine korrigierende wie eine autoritative Funktion auszuüben. Diese Funktion wird im Islam außer ihm dann immer auch der auf ihn zurückgehenden Heiligen Schrift, dem Koran zugeschrieben, zumal dieser nach islamischem Verständnis alles enthält, was sich über den einen Gott und sein Grundverhältnis zur Welt in den beiden anderen monotheistischen Religionen und ihren Heiligen Schriften findet; das darin Gesagte war freilich, soweit es im Laufe der Geschichte fehlgelaufen ist, zugleich zu korrigieren.

Dem Islam spricht Muhammad aber dann in Sure 5,3 zu, Ausdruck der vollendenden Gnade Gottes zu sein:

Heute haben diejenigen, die ungläubig sind, hinsichtlich eurer Religion nichts mehr zu hoffen (da sie nichts mehr dagegen ausrichten können). Darum fürchtet nicht sie, sondern mich! Heute habe ich euch eure Religion vervollständigt (so daß nichts mehr daran fehlt) und meine Gnade an euch vollendet, und ich bin damit zufrieden, daß ihr den Islam als Religion habt.

Weil aber Gottes letztes Wort in seiner Souveränität begründet ist, findet das menschliche Verhalten sein Maß in der praktisch geübten Unterwerfung unter Gottes Willen. Darüber hinaus gibt es kein anderes Wort Gottes.

c) Zur christlichen Reaktion

Wie die Konzilserklärung *Nostra aetate* den Juden gegenüber die Landverheißung unerwähnt läßt, so kommt im Hinblick auf den Islam weder die Gestalt des Muhammad noch sein Anspruch, das endgültige Wort Gottes der Welt zu bringen, mit einem Wort zur Sprache. Die positiven Verbindungslinien sollten offensichtlich betont, die Trennungslinien dafür verschwiegen werden. Zusehr stand die Geschichte der Zwistigkeiten und Feindschaften im Bewußtsein, als daß die Konzilsväter erneut auf die Punkte des Dissenses hinweisen wollten. Dabei geht die Geschichte jedoch weiter. Schon deshalb muß zugestanden werden, daß, sosehr die neue verbindende Sprechweise zu begrüßen ist, sie doch dort nicht ausreicht, wo „Dialog" der neue Name des Umgangs ist und der „Dialog der Religionen" mehr sein soll als die Bemühung von unterschiedlichen gesellschaftlichen Gruppen um soziale Gerechtigkeit, Frieden und Freiheit der Menschen.

In einem Dialog zwischen gleichwertigen Partnern müssen sowohl die Gemeinsamkeiten wie die Differenzen zur Sprache kommen. Das gilt auch für die Religionen. Dabei muß von den Differenzen schon deshalb gesprochen werden, weil in ihnen die fremde Identität und die Andersartigkeit des fremdreligiösen Anspruchs zutage tritt und die Nennung der Differenz zumindest die Wahrnehmung des Anderen als Anderen zu erkennen gibt. Man kann daher fragen, ob die Nennung der Unterscheidungen am Ende nicht doch für das gegenseitige Verhältnis ehrlicher und befreiender ist als die Verdrängung.

Ausgeblendet bleiben – wie es auch Kardinal Carlo M. Martini in seiner denkwürdigen Mailänder Rede vom 6. Dezember 1990 zum Thema *„Wir und der Islam“* ausdrücklich festgehalten hat – in der Konzilserklärung außer der Gestalt des Gründers auch die islamische Gemeinschaft, die *umma,* die Heilige Schrift des Islam, das islamische Glaubensbekenntnis und die Wallfahrt nach Mekka, schließlich die Rolle des Gesetzes, der *Schari'a.* Verschwiegen wird auch das unterscheidende Jesusverständnis, zumal die Ablehnung Jesu als des Erlösers der Menschheit. Es fragt sich aber heute, ob da, wo Christen und Muslime einander begegnen, nicht zumindest wechselseitig die Einschätzung der beiden Gründergestalten zur Sprache kommen müßte.

Nun ist das, was der Islam von Jesus denkt, im Koran abrufbar. Es hat sich im Laufe der Geschichte auch nicht wesentlich geändert. Was jedoch Christen über Muhammad denken, bleibt umgekehrt eher ungesagt. Natürlich würde die einfache Anerkennung Muhammads als Prophet – etwa im Sinne des alttestamentlichen Prophetenverständnisses – kaum ausreichen. Einmal ist Muhammad kein vorchristlicher Prophet. Noch wichtiger aber ist sodann, daß die einfache Anerkennung Muhammads als Prophet dem islamischen Selbstverständnis nicht gerecht wird. Es bliebe hier bei der Ansage des Streits, der um das Verständnis der Letztgültigkeit auszutragen wäre. Dabei stände aus der jeweiligen Perspektive der beiden Religionen die Letztgültigkeit des Koran und seines Künders gegen die Letztgültigkeit des in

Jesus Mensch gewordenen Heilswortes Gottes in dieser Welt.

Freilich hat die Rede vom Dialog an dieser Stelle nur dann einen Sinn, wenn die Bereitschaft besteht bzw. aus der jeweiligen Glaubenssituation heraus bestehen kann, auch über die Letztverbindlichkeiten der jeweiligen Religion in einen wirklichen Diskurs einzutreten, der zumindest gemeinsame Lebensmöglichkeiten eröffnet. Daß im Christentum heute – trotz der bekannten strengen dogmatischen Positionen – bis an die Grenzen der Selbstverleugnung um Verstehen und Verständigung gerungen wird, ist nicht zu übersehen. Darüberhinaus erweist sich das Christentum schon rein praktisch als immer ohnmächtiger, wo es – im Grunde genommen gegen seine ursprüngliche Inspiration – das Nicht-Christliche auszugliedern und abzuwerten sucht, anstatt selbst als Ferment in der Welt, als Salz in der Erde zu wirken.

Im Rahmen solcher Überlegungen ist aber dann eine Gegenmeldung wie die folgende zu bedenken, die sich durch ähnliche beliebig ersetzen ließe:

> In Saudi-Arabien dürfen auch weiterhin keine Kirchen gebaut werden. Dies bestätigte der saudische Informationsminister Ali ben Hassan asch-Schair unlängst gegenüber der französischen Tageszeitung „Le Figaro“. Der Minister wählte die Formulierung, es tue der saudischen Regierung „leid“, keine christliche Kirchen auf ihrem Territorium dulden zu können, aber es handle sich um einen „Befehl Gottes“. Nach der wahabitischen Interpretation der muslimischen Theologie ist der Boden der arabischen Halbinsel „Haram“, ein heiliger Bezirk, der Nicht-Muslimen verschlossen ist. (Kirchenzeitung für das Erzbistum Köln Nr. 48 ‹27.11.92›, S. 4)

Hier stoßen wir auf das, was in der heutigen Tagessprache als „fundamentalistisch“ bezeichnet und von dem in anderem Zusammenhang noch die Rede sein wird. An dieser Stelle reicht es aber nicht aus, von den im Koran für Juden und Christen vorgesehenen muslimischen Umgangsformen zu sprechen. Es sind vielmehr die Christen selbst gefragt zu sagen, wie sie mit solchem wahrhaft exklusivem muslimischem Verhalten umgehen wollen. Will man sich aber nicht von vornherein der Möglichkeit des heute vielfältig, nicht zuletzt von der abendländisch inspirierten Demokratie international geforderten Diskurses berauben und zugleich auf lebbare Weisen des Zusammenlebens verzichten, tut es gut zu sehen, wie der Islam sich seinerseits angesichts der von Gott nicht unmittelbar im Koran geklärten Fragen verhalten hat. Die theologische Engführung, wie sie in der zitierten Meldung zum Ausdruck gebracht wird, läßt sich im Blick auf die Islamgeschichte keineswegs durchhalten.

3. Islamische Alternativen

a) Die Nachfolgefrage

Eine erste, nicht in der Offenbarung Gottes geregelte Frage war die der Nachfolge des Propheten. Freilich bezog sich die Nachfolgeregelung auf ihn nicht als Propheten, sondern als religiös-politischen Führer. Als solcher trat er erstmals in Erscheinung, als er 622 – dem Jahr, mit dem die Moslems seither ihre Zeitrechnung beginnen, – von Mekka nach Medina auswanderte *(Higra* = Auswanderung) und dort den ersten islamischen Stadtstaat gründete. Der Nachfolger bzw. *Kalif* wurde nach Muhammads Tod zunächst im Stamm der Quraischiten, dem der Prophet entstammte, geregelt.

Erst nach der Ermordung des dritten Nachfolgers kam es zum Streit, als die Gegner Quraischs sich auf den Stnandpunkt stellten, nicht die Stammesherkunft, sondern die Blutsverwandtschaft mit dem Propheten müsse maßgebend sein. Das Ergebnis war, daß die Mörder des dritten Kalifen Utman den Schwiegersohn des Propheten Ali zum Nachfolger bestimmten. In gewissem Sinne war er, der selbst noch ein Quraischit war, noch ein Kompromißkandidat. Nach seiner Ermordung brach der Streit dann vollends aus. Der Stamm Quraisch siegte, und es kam zur Gründung der UmaiyadenDynastie (661–750) mit der Hauptstadt Damaskus. Zugleich spaltete sich der Islam in *Sunna* und *Schi'a.*

Sunna war die Regel, konkret: die nicht im Koran, wohl aber in sogenannten *Hadith* = Erzählungen und Mitteilungen vermittelte Lebensführung und Handlungsweise des Propheten, nach der sich bis heute die große Mehrzahl der Muslime, *Sunniten* genannt, richtet. *Sunna* ist im weiteren Verlauf der Islamgeschichte der große Rahmen, in dem sich die Überlieferung der ursprünglichen Offenbarung vollzieht. Das gilt für die Auslegung des Koran ebenso wie für das aus diesem abgeleitete, alle Muslime verpflichtende göttliche Gesetz, die *Schari'a* und dessen Auslegung.

Gegen die arabische Hegemonie setzten die Anhänger Alis nicht auf das in der *Sunna* verankerte Kalifatsprinzip, sondern auf das Imam-Prinzip. *Imam* ist zunächst eher allgemein die Bezeichnung für einen Führer, in diesem Sinne für den Vorbeter des rituellen Gebets, für den Anführer einer Schulrichtung, für den Kalifen u. a. In der Gegengruppe zum Sunnitentum steht *Imam* aber dann für einen von Gott erwählten und gesandten Führer des Volkes. Den erblickten die Anhänger des Ali zunächst in diesem. Die „Parteinahme" (arab. *Schi'a)* für Ali wurde in der Folgezeit zur Bezeichnung derer, die dem Schisma folgten. Bis heute bilden die *Schiiten* die stärkste Gegeninstanz gegenüber dem orthodoxen, der *Sunna,* der „Regel" folgenden sunnitischen Islam. Verständlicherweise haben sie vorrangig in der Nicht-Identität mit diesem, entsprechend auch von den Sunniten verfolgt, immer wieder auf der Suche nach dem gottgesandten Führer gelebt, zumal seitdem sich im 9. Jahrhundert die Überzeugung durchsetzte, daß der wahre Imam im Verborgenen lebe und erst am Ende der Tage wiederkehre. Das verhinderte aber nicht, daß auch der schiitische Islam einen politischen Ort des Überlebens fand: den Iran, wo er zu Beginn des 16. Jahrhunderts zur Herrschaft kam.

Zu dem Gegensatz von *Sunna* und *Schi'a* bemerkt aber dann Bassam Tibi, daß er im Laufe der Islam-Geschichte zugleich zu zwei kulturell unterschiedlichen Islam-Verständnissen führte. Das sunnitische ist arabisch, das schiitische, wo es zur Herrschaft kommt, nicht arabisch, sondern persisch. Das Beispiel „Iran" hat seinerseits zur Folge, daß der Islam selbst, wo er in nicht-arabischer Welt sunnitisch auftritt, in Indien, Pakistan oder in afrikanischen Ländern, sich für autochthone Symbole und Kulturelemente öffnet und es so – bei aller Betonung der einen *umma* – zu sehr unterschiedlichen Erscheinungsweisen des Islam kommt.

b) Gesetz und Mystik

Aus einer anderen Perspektive ergibt sich eine zweite Alternative, die sich mit der zuvor genannten stellenweise berührt, mit ihr aber nicht identisch ist: das Gegenüber von *Schari'a* = Gesetz und Mystik. Beide haben es im Ausgangspunkt mit der Begegnung des Menschen mit dem einen Gott zu tun. Doch während das Gesetz gleichsam das menschliche wie das gesellschaftliche Leben auf dem Wege der Außensteuerung bestimmt und dabei den Eindruck großer Einheit und Einheitlichkeit im Islam erzeugt, ist die Mystik der Weg, der den Handlungsspielraum des Menschen in seinem Verhältnis zu

Gott dadurch vergrößert, daß er es verinnerlicht und spiritualisiert.

In der Behandlung des Islam drängt sich die *Schari'a* schon deshalb nachdrücklich auf, weil sich bei der Bindung an den Koran ähnlich wie bei der Nachfolgefrage die Frage der konkreten Umsetzung, Anwendung und Übersetzung des göttlichen Gesetzes in den unterschiedlichsten Situationen menschlicher Existenz, späterer Zeiten, aber dann auch anderer Kulturen ergibt. Diese Anwendung war dann weniger Sache theologischer Reflexion und Spekulation als der Entfaltung und Auslegung des Gesetzes in Rechtsvorschriften. Im Ergebnis stoßen wir in der Islamgeschichte im Anschluß an Koran und *Sunna* sowohl auf die Ausbildung von Praktiken und Wegen zur Feststellung von konkreten Rechtsnormen und Rechtsentscheidungen wie auch – angesichts der Unterschiede, die sich in der Diskussion dieser Fragen ergeben, – auf die Entstehung verschiedener Rechtsschulen. Diese sind bei den Sunniten im wesentlichen in vier anerkannten Schulen – Hanafiten, Malikiten, Shafi'iten und Hanbaliten – zusammengefaßt; sie brauchen aber in diesem Zusammenhang nicht im einzelnen erläutert zu werden.

Größere Aufmerksamkeit verdient dafür die islamische Mystik, historisch nach dem Wollgewand *(suf* = Wolle), das die frühen Asketen trugen, *Sufismus* genannt. Die Erscheinungsformen dieser Mystik können hier ebenso wenig vorgestellt werden wie die großen Gestalten des Sufitums. Für den deutschsprachigen Raum ist besonders auf die Forschungsarbeit von Annemarie Schimmel aufmerksam zu machen. Fragen wir aber nach der gesellschaftlichen Relevanz dieser Mystik, so erweist sie sich als deutliche Alternative zu einer außengesteuerten Gesetzesbeobachtung. Die Mystik vermittelt grundlegend „Wege" *(tariqa)* zu Gott. Diese sind – im

Gegensatz zum einen und einzigen Weg des Koran – individuell vielfältig und in der sprachlichen Ausformulierung der gemachten Erfahrungen oft so eigenwillig, daß viele Mystiker mit der Orthodoxie in Konflikt gerieten und nicht wenige wie al-Halladsch (gest.922) den Martyrertod starben.

Stellt man heute *Schari'a* und *Tariqa* einander als Gestalten des Islam gegenüber, so schafft die Betonung pluraler Wege dem Islam gerade in nicht-arabischen Ländern die Möglichkeit, sich selbst in Vielfalt zu entfalten. Wo diese gefordert ist wie etwa bei der Ausbreitung in Afrika oder in asiatischen Ländern, entstehen Freiräume für die Integration fremder volksreligiöser Elemente. Tatsächlich läßt sich, wenn man einmal darauf aufmerksam wird, auch im Islam wie in allen Großreligionen unterhalb der Ebene des offiziellen Selbstverständnisses ein breites Spektrum volksreligiöser Formen erkennen. Will man dem Gesamtphänomen Islam gerecht werden, darf man folglich nicht nur die offiziell als orthodox vorgestellte Gestalt des arabischen Schari'a-Islam beachten, sondern muß man auch den vor allem in nicht-arabischen Ländern verbreiteten Tariqa-Islam gleiche Aufmerksamkeit schenken. In diesem Zusammenhang wäre zu prüfen, wieweit auf die Dauer die Absolutsetzung der arabischen Sprache trägt, wenn das Medium des Volksislam die Alltagssprache und nicht das Arabische ist.

c) Islam und moderne Welt

Was in den Spannungsfeldern *Sunna* und *Schi'a, Schari'a* und *Tariqa* weniger in historischer Betrachtung als in seinem Gegenwartsbezug angesprochen worden ist, läßt sich in einem weiteren Angang im Rahmen der heute auch dem Islam abgeforderte Stellungnahme zur modernen Welt fortführen. In der Tat zeigt sich hier eine weitere Zwiespältigkeit. Sie wird in der heutigen Diskussion dort offenkundig, wo der sogenannte „islamische Fundamentalismus" genauer analysiert wird. Unter diesem Stichwort lassen sich vor allem die Bemühungen zusammenfassen, die den gesellschaftlichen Bereich des Islam gegen die negativen Seiten abendländischer Modernität absichern sollen. Ihnen stehen Überlegungen gegenüber, die trotz allem im international-politischen Diskurs den Austausch mit der ganzen Welt fortzusetzen bereit sind.

Ein Schlüsselwort der Erörterung ist der *„Säkularismus"*. Nach islamischer Auffassung ist dieses Produkt der christlich-europäischen Welt völlig negativ zu beurteilen. Der Säkularismus ist sowohl „atheistisch" wie „unmoralisch". Die Situation wird dadurch noch verschärft, daß die arabischen Begriffe für „Säkularismus" *(,ilmaniyya)* und „Wissenschaft" *(,ilm)*, „weltlich" *(,alamani)* und „wissenschaftsbezogen" *(,ilmani)* äußerst dicht beieinander liegen, so daß die Ablehnung des einen die des anderen nahezu zwangsmäßig nach sich ziehen muß. Diesem Eindruck versuchen islamische Kreise der verschiedensten Richtungen, auch die sogenannten „Fundamentalisten", gegenzusteuern.

Wichtig ist nur, daß der Islam die abendländische Privatisierung der Religion radikal ablehnt und entsprechend auf der grundsätzlichen Verknüpfung von Religion und Gesellschaft, Religion und Politik besteht. Während in der westlichen Welt Religion höchstens einen Teil der gesellschaftlichen Wirklichkeit ausmacht, ist zumindest im islamischen Orient die Religion immer noch die die gesamte Gesellschaft tragende und prägende Realität, der sich niemand – gleichgültig, welcher islamischen Richtung er auch angehören mag, – entziehen kann. Diese Grenzziehung zur abendländischen

Welt hat sich in den letzten Jahrzehnten einer intensiveren Berührung und Begegnung eher wieder verschärft.

Einen wichtigen Grund dafür wird man darin erblikken müssen, daß der traditionelle arabische Islam als ganzer nach wie vor aus den vorindustriellen Wurzeln einer eher archaischen Weltwahrnehmung lebt und den Prozeß einer kritischen Aufklärung nicht durchgemacht hat. Allerdings erscheint es zweifelhaft, ob die heute vom orthodoxen Islam versuchte Gegensteuerung durch die Schaffung islamischer Reservate auf die Dauer erfolgreich sein kann. Zu denken gibt, daß ein mit dem Islam und der modernen Weltsituation in gleicher Weise vertrauter Wissenschaftler wie Bassam Tibi den islamischen Fundamentalismus eine Ideologie nennt, „die die kulturellen Symbole der Religion politisiert und neben ihren signifikanten politischen Zügen eine soziale Bewegung hervorbringt", so daß er am Ende „mehr ein politisch-soziales als ein religiöses Phänomen" ist. Eine solche Zuordnung würde, wenn sie konsequent weiterverfolgt wird, im Ansatz bereits die auf die Dauer vermutlich auch im Islam nicht zu vermeidende Unterscheidung zwischen persönlicher Religion und gesellschaftlichem Leben bedeuten.

Für den Augenblick sind freilich noch die Abwehrreaktionen stärker als die Öffnungen. Kardinal Martini plädiert in dieser Situation einmal dafür, daß Christen in einer Welt, die den Gottesglauben mehr und mehr verliert, die Mächtigkeit der Gottesbindung der Moslems respektieren und auf ihren eigenen Gottesglauben anzuwenden lernen. Er fordert aber dann auch, daß der Islam sich der Herausforderung durch die moderne Wissenschaft und Technik mit ihren ideologischen Implikationen stellt und den Unterschied zwischen Religion und Gesellschaft, Glaube und Zivilisation, politischem Islam und muslimischem Glauben klärt, da Moslems nur so in einer pluralistischen Welt überleben werden. Wie das Christentum in einem zum Teil schmerzlichen Lernprozeß lernt, die Rechte aller Menschen anzuerkennen, zu achten und zu schützen, kommt auch der Islam nicht umhin, sein Verhältnis zu den Menschenrechten, den Umgang mit Toleranz und damit das Verhalten gegenüber allen, die nicht dem Islam folgen, neu zu bedenken. An dieser Stelle ergeben sich Möglichkeiten eines Dialogs, der in einem Austausch von Lernen und Lehren besteht.

Fünftes Zwischenergebnis

1. Der Islam ist als nachchristlich entstandene Weltreligion mit dem Anspruch, Gottes letztes Wort der Welt zu vermitteln und die Welt als ganze unter das Gesetz des einen und einzigen Gottes zu rufen, für das Christentum eine starke Herausforderung, weil er dessen Glaubensüberzeugung von dem endgültig in Jesus gewirkten Heil der Welt in Frage stellt und das Christentum mit seinem Anspruch in die Vorläufigkeit verweist.

2. Beide Religionen stehen vor der Verpflichtung, voreinander und in die Welt hinein ihr Verständnis von Letztgültigkeit zu begründen, wenn sie nicht als monolithische, inkommunikable Größen in einer Welt auftreten wollen, in der sich die Menschen auf dem Weg zu wahrer Menschlichkeit angesichts der Vielfalt von Angeboten zu freier Stellungnahme und Entscheidung eingeladen wissen.

3. Der in unserer Zeit auch im Umgang mit dem Islam geforderte Dialog kann nur gelingen, wenn nicht nur die Abwehrreaktionen des Islam gegen die modernen Lebensauffassungen in Wissenschaft, Technik und praktischer Lebensführung, etwa im Bereich der Moral, in der Rolle der Frau u.ä. zur Kenntnis genommen werden, sondern auch die im Islam selbst vorhandenen Ansätze

zu differenziertem Umgang mit den genannten Fragen Beachtung finden.

4. Zu den Voraussetzungen eines wahrhaften Dialogs gehört die Entwicklung einer gegenseitigen Haltung des Wohlwollens und des Respekts bis hin zur Anerkennung des Anderen als eines gleichberechtigten und gleichwertigen Partners, wie er in den heutigen Bemühungen um die Verwirklichung umfassender Menschenrechte zum Ausdruck kommt.

5. Was ein solcher Einsatz für Menschenrechte, Gerechtigkeit und Frieden in der Welt in einem von dem einen und einzigen Gott bestimmten Horizont bedeutet, müssen dann Muslime, Juden und Christen auf ihre Weise sich gegenseitig und vor aller Welt bezeugen.

Inzwischen leben wir alle bewußter in einer Welt, in der die abrahamitischen Religionen nicht mehr allein den Lebensweg der Menschen bestimmen. Wir können gar sagen, daß die wahre Alternative zu den bisher bedachten Religionen, die der Glaube an den einen Gott verbindet und die von daher miteinander verwandt erscheinen, in den Religionen Asiens zu erblicken ist.

Literaturhinweise

P. Antes (Hrsg.), Der Islam. Religion – Ethik – Politik, Stuttgart 1992.

J. Bouman, Gott und Mensch im Koran. Eine Strukturform religiöser Anthropologie anhand des Beispiels Allah und Muhammad, Darmstadt 1977.

H. Busse, Die theologischen Beziehungen des Islams zu Judentum und Christentum. Grundlagen des Dialogs im Koran und die gegenwärtige Situation, Darmstadt 1988.

W. Ende – U. Steinbach (Hrsg.), Der Islam in der Gegenwart, München 1984.

G. Endress, Einführung in die islamische Geschichte, München 1982.

Der Koran, übers. von R. Paret, Stuttgart [2]1980.

Kardinal C. M. Martini, Mailänder Rede, in: CIBEDO 5 (1991) Nr. 1.
W. Kerber (Hrsg.), Wie tolerant ist der Islam?, München 1991.
G. Risse, „Gott ist Christus, der Sohn der Maria", Bonn 1989.
A. Schimmel, Mystische Dimensionen des Islam, Aalen 1979.
B. Tibi, Der Islam und das Problem der kulturellen Bewältigung sozialen Wandels, Frankfurt 1985.
Ders., Islamischer Fundamentalismus, moderne Wissenschaft und Technologie, Frankfurt 1990.
Ders., Die fundamentalistische Herausforderung. Der Islam und die Weltpolitik, München 1992.
H. Waldenfels, Begegnung der Religionen. Theologische Versuche I, Bonn 1990.
Ders. (Hrsg.), Lexikon der Religionen. Phänomene – Geschichte – Ideen, TB-Ausgabe: Freiburg 1992.
H. Zirker, Christentum und Islam. Theologische Verwandtschaft und Konkurrenz, Düsseldorf 1989.

VI

Asiatische Alternativen: Hinduismus und Buddhismus

Chicago 1893

So wichtig es für das Christentum ist, das Verhältnis zu den „Nachbarreligionen“ Judentum und Islam zu bestimmen, so sehr muß zugleich gesehen werden, daß die wahren Alternativen zur christlichen Lehre, wie sie in der westlichen Welt Gestalt angenommen hat, in den religiösen Wegen Asiens zu erblicken sind. Die Faszination Asiens verspürt man in Europa zunächst in Kreisen, die dem kirchlichen Christentum mehr und mehr distanziert und kritisch gegenüberstehen. Demgegenüber waren es in den Vereinigten Staaten anfangs vor allem unitarisch-universalistische Kreise, in deren Umfeld asiatische Religiosität Wurzeln geschlagen hat.

Als 1893 in Chicago die große Weltausstellung stattfand, erging aus solchen Kreisen für dasselbe Jahr die Einladung zu einem sogenannten *„Weltparlament der Religionen“* – 1993 ist in einer neuen Veranstaltung eines „Weltparlaments der Religionen“ dieses Ereignisses gedacht worden. Dieses gleichfalls in Chicago tagende „Weltparlament“ war dann die erste große Veranstaltung im Westen, bei der führende Vertreter asiatischer Religionen öffentlich auftraten. Vor allem zwei Namen sind bis heute unvergessen geblieben: der Inder Svami Vivekananda (1863–1902), Schüler des berühmten bengalischen Hindupriesters Ramakrishna (1834–1886), und der Japaner D. T. Suzuki (1870–1966), der seinen japanischen Zenmeister Shaku Soen als Dolmetscher begleitete.

In Ramakrishna hatte der moderne Hinduismus sein Selbstbewußtsein wiedergefunden. Die entscheidende Basis dafür war die Überzeugung, daß hinter aller Vielheit ein alles tragendes und verbindendes Eines steht, dem die Menschen sich auf vielen Wegen nähern können. Ramakrishna verkündete seinen Landsleuten, daß er sein Ziel nicht nur auf den verschiedenen Wegen des indischen Vedanta erreichte, sondern auch in der Lage war, die beiden anderen in Indien verbreiteten Religionen, Christentum und Islam, in seine meditativ-mystische Praxis einzubeziehen. Der hinduistische Inklusivismus hat in Ramakrishna eine personale Gestalt angenommen.

Mit dem Einheitsdenken Indiens verband sich dann auch die im japanischen Zen-Buddhismus in äußerster Radikalität verwirklichte Erleuchtungspraxis, die, so elitär sie im Vollzug erscheint, dennoch grundsätzlich jedem Menschen den Weg in die Einsicht letzter Einheit und Verbundenheit verheißt. Insofern als die buddhistische Praxis aber Japan auf dem Weg über China erreichte, läßt sich die Frage stellen, ob nicht – wenigstens indirekt – auch der große zentralasiatische Kontinent auf seine Weise einbezogen ist. Suzuki wurde jedenfalls in der Folgezeit einer der einflußreichsten Vermittler mahayanistisch-buddhistischen Denkens in der westlichen Welt.

Wo die asiatischen Traditionen im Hinblick auf ihren Einfluß auf die westliche Welt bedacht werden, sind nach Reinhart Hummel vier Aspekte zu berücksichtigen: *Erstens* ist nach der Anpassung an den Westen und der daraus resultierenden Neuinterpretation der asiatischen Traditionen zu fragen. *Zweitens* ist umgekehrt der Einfluß der asiatischen Religionen auf das westliche

Umfeld zu beobachten. *Drittens* ist hinsichtlich des Resultates zu fragen, wieweit die Originalität der asiatischen Bewegungen gewahrt bleibt bzw. wieweit sie in einem Prozeß der Verschmelzung oder des Synkretismus verloren geht. *Viertens* ist nach den Krisenfeldern im Westen zu fragen, auf die Asien auf eigentümliche Weise zu antworten versteht. Hier zeigt es sich, daß die Aufmerksamkeit einmal dem Verhältnis von Religion und Wissenschaft gilt, sodann aber auch den Weisen eines gesunden „natürlichen" Lebens bis in den Bereich der Ökologie.

Die vier genannten Aspekte werden uns auf dem weiteren Weg unausdrücklich begleiten, zumal sie das besondere Interesse kennzeichnen, das wir Asien gegenüber haben. Würden wir die asiatische Religiosität betrachten, wie sie in Geschichte und Gegenwart Gestalt angenommen hat, so würden wir bald feststellen, daß das asiatisch-religiöse Geflecht um vieles komplizierter ist, als es in der abendländischen Welt erscheint und vermittelt wird. Wenn wir in diesem Rahmen 100 Jahre nach dem ersten „Weltparlament" erneut nach Asien fragen, so tun wir es in einem Versuch, der informative Hinweise mit der Besprechung der Bedeutsamkeit des Asiatischen für die heutige abendländische Welt und ihr Christentum verbindet.

1. Religiöser Mutterboden

a) „Hinduismus"

Wer von Indiens Religion sprechen will, muß sich zunächst über einige Dinge im klaren sein. Spätestens seit der Zeit der englischen Kolonialherrschaft wird Indiens tragende Religion *„Hinduismus"* genannt. Die Bezeichnung ist aber, unabhängig von ihrer genaueren geschichtlichen Ableitung, keine indische Selbstbezeichnung, sondern eine Fremdbezeichnung. Nur so kann sie auch eine religiöse Einheit suggerieren, die es weder im Laufe der Geschichte gegeben hat noch in der Gegenwart gibt. Die Geschichte selbst ist viel komplexer, als die Einheitsbezeichnung zu unterstellen scheint. Tatsächlich bildet der Hinduismus den anderen in Indien vertretenen Religionen gegenüber – zu nennen sind Parsismus und Jinismus, Buddhismus, Christentum und Islam – keineswegs eine einheitliche Religion. Heinrich von Stietencron zieht es denn auch mit anderen vor, im Plural von „Hindu-Religionen" zu sprechen, da „Hinduismus" nicht eine bestimmte indische Religion benennt, sondern „als zusammenfassende Bezeichnung für eine Gruppe von verwandten, aber voneinander verschiedenen Religionen aufgefaßt werden" muß, die „ebenso verwandt, aber auch ebenso verschieden wie Judentum, Christentum und Islam" sind.

In diesem Sinne reiht von Stietencron nebeneinander: 1. die Religion der Induskultur (Blütezeit ca. 2300–1750 v. Chr.), 2. die vedische Religion, 3. den Vishnuismus, 4. den Shivaismus, 5. den Shaktismus, 6. den monistischen Advaita-Vedanta, 7. den Neo-Hinduismus des 19./20. Jahrhunderts. Er weist darauf hin, daß in der indischen Rechtsprechung auch Sikhismus, Jinismus und Buddhismus als Hindu-Religionen behandelt werden, obwohl sie in der religionswissenschaftlichen Forschung als eigenständige Religionen angesehen werden.

Es ist hier nicht möglich, die Religionen im einzelnen vorzustellen. Doch läßt bereits ein grober Hinblick erkennen, daß die Religionen unter vielerlei Rücksichten bedenkenswert sind:

– Die Frage der Gründergestalten tritt weitgehend zurück und kann zumal für die Uranfänge nicht beantwortet werden.

– Für die frühesten Religionen gibt es auch keine schriftlichen Spuren, sondern nur archäologische Funde.
– Der Veda gehört dafür zu den ältesten religiösen Schriften der Menschheit, die uns überliefert sind.
– Von Anfang an ist die Rede von Göttern, und doch ist die Frage nach der Einheit hinter aller Vielheit, Geschlechtlichkeit und Fruchtbarkeit genauso ursprünglich.
– Die Frage nach dem Anfang von Welt und Weltenzeiten, nach den Degenerationen und allem Bösen, seit der vedischen Zeit auch die Frage nach Überwindung der Last des unaufhörlichen, zwingenden Kreislaufs aller Dinge und damit nach Befreiung, Erlösung und Heil findet sich unter wechselnden Akzentsetzungen in fast allen Religionen Indiens.

Damit sind auch bereits die wichtigsten Gemeinsamkeiten genannt, mit denen wir es in den verschiedenen Hindu-Religionen zu tun haben. Dazu gehören:
– die starke Bedeutung des zyklischen Weltverständnisses, in das sich später auch die Reinkarnation einreiht, und die Suche nach Überwindung der negativen Weltverhaftung,
– die Bindung an das im Vorhistorischen sich verlierende und doch zugleich beheimatete Grundwissen um die heile Urgestalt der Welt, das im Veda einen klassischen Ausdruck findet,
– die Einbindung in das Kastensystem als gesellschaftliches Ordnungsprinzip,
– die Verehrung eines personalen Gottes, die sich – aus der Bhakti-Frömmigkeit stammend – selbst dort erhalten hat, wo alle Personalität in einer die Trennungen und Unterscheidungen überwindenden Non-Dualität (skr. *a-dvaita)* endet.

b) Philosophie und Religion

Auf die unübersehbare Fülle religiöser Praktiken und Rituale ist eigens hinzuweisen angesichts der Tatsache, daß der Hinduismus in der abendländischen Rezeption vorrangig in den Zügen wirksam wird, die ein Kontrastprogramm zum Christentum darstellen. So ist es für den Nicht-Inder auf den ersten Blick unmöglich, Hindu zu werden. Denn insofern die Kastenzugehörigkeit ein Grundmoment hinduistischer Zugehörigkeit ist und durch Geburt erworben wird, erweist sich die Konversion zum Hinduismus als einer gesellschaftlich verfaßten Gemeinschaft als schwierig. Eine Reihe von im Westen werbenden Hindu-Gemeinschaften haben entsprechend nach Möglichkeiten gesucht, diese Schwierigkeit auf ihre Weise zu beheben.

Wenn nicht die organisatorische Einordnung im Vordergrund steht, bekommt die atmosphärische Vermittlung von Ideen, aber auch die auf unterschiedliche Weise vermittelte Verbreitung von Praktiken wie etwa Yoga einen umso höheren Stellenwert. Tatsächlich werden Ideen wie Toleranz, Gewaltlosigkeit und Friedenswille, auch die Naturschonung und das natürliche Verhalten in den verschiedenen Bereichen alltäglichen Lebens heute vielfach mit dem Hinduismus in Zusammenhang gebracht.

Es kommt ein weiteres hinzu: Wo die gesellschaftliche Verfaßtheit sich als schwierig erweist, bleibt der einzelne als einzelner gefordert. In einer modernen Gesellschaft, in der das Gottesverständnis sich vielfach auf den menschlichen Gottesentwurf oder – in heutiger Sprache gesagt: – auf die Gottesprojektion hin verflüchtigt, stellt sich die Frage nach dem menschlichen Bemühen um Wirklichkeitserfassung und der menschlichen Entdekkung von Wirklichkeit umso nachdrücklicher. Für den westlichen, „atheistisch“, d. h. in der Lebenspraxis weithin „gottlos“ bzw. ohne Gott operierenden Menschen bekommen dann alternative Bemühungen wie die in Asien zu beobachtenden einen eigenen Stellenwert. Hier erscheint dann interessanterweise vieles aus der Ferne trotz der religiösen Etikettierung wie Philosophie. Zumindest scheinen sich philosophisches Denken und religiöses Tun stark zu berühren.

Die Beschreibung der indischen bzw. asiatischen Situation durch den ceylonesischen Jesuiten Aloysius Pieris ist hier hilfreich:

In der asiatischen Gesellschaft ergibt die Herauslösung der Religion aus der Kultur (wie im lateinischen Christentum) bzw. der Religion aus der Philosophie (wie im hellenischen Christentum) wenig Sinn. Im südasiatischen Kontext z. B. sind Kultur und Religion überlappende Facetten einer unteilbaren Soteriologie, die gleichzeitig eine Lebensauffassung und einen Erlösungsweg darstellt; es handelt sich um eine Philosophie, die im Grunde eine religiöse Weltanschauung ist, wie auch um eine Religion, die eine Lebensphilosophie ist.

Und noch einmal:

Wir wollen die Dinge nochmals in den Brennpunkt unserer Betrachtung rücken. In allen nichtbiblischen Soteriologien Asiens sind Religion und Philosophie untrennbar miteinander verbunden. Philosophie ist religiöse Sicht, und Religion ist gelebte Philosophie. Jede metakosmische Soteriologie ist zugleich, um hier die indischen Ausdrücke zu gebrauchen, ein darsana und ein pratipada, d. h. die gegenseitige Durchdringung einer Lebens-„Anschauung“ und eines Lebens-„Weges“. Die so oft wiederholte Frage, ob der Buddhismus eine Philosophie oder eine Religion sei, ist in der Tat zuerst im Westen formuliert worden, ehe sie Peking auf dem Wege über den Marxismus erreichte.

Beides, Philosophie und Religion, Philosophie und Theologie, aber auch Religion und Wissenschaften, gehört in Indien wie eigentlich im gesamten asiatischen Bereich zusammen, insofern alles menschliche Denken und Tun auf das hingeordnet ist, was sich hinter der umfassenden Vokabel „Heil" verbirgt. Der im abendländischen Raum zu beobachtende Auseinanderfall von Theorie und Praxis, Philosophie und Religion, Religion und Wissenschaft läßt sich so nicht auf Asien übertragen. Es ist denn auch nicht verwunderlich, daß gerade westliche Naturwissenschaftler und Techniker sich für Asien interessiert zeigen. Für sie impliziert die asiatische Religiosität eine im Westen so lange nicht gekannte Komplementarität von Wissen und Leben, Wissenschaft und Religion. Diese wirkt umso nachhaltiger, wenn Abendländer ihre Berufstätigkeit in einer technologisch-wissenschaftlich geprägten Gesellschaft mehr und mehr als eine Halbierung ihres wahren Lebensvollzugs empfinden.

In diesem Zusammenhang ist auch zu beachten, daß selbst der Ruf nach einem „säkularisierten Staat" in Indien einen anderen Stellenwert hat als in der westlichen Gesellschaft. Die Religion bzw. das Religiöse bleibt in Indien der umfassende Lebenshorizont, auch wenn innerhalb dieses Horizonts dann vielerlei Wege und Denkweisen Platz finden. Entsprechend ist auch die Trennung von Staat und Religion eher undenkbar und die hinduistische Färbung des Lebens selbst dort spürbar, wo in geradezu irritierender Weise Inder den verbreiteten Klischeevorstellungen von hinduistischer Verhaltensweise widerstreiten.

Ein typisches Beispiel ist der in den letzten Jahren immer wieder aufgebrochene Streit in Ayodhya, wo Hindus den Moslems den Platz einer Moschee streitig machen, der an der legendären Stelle der Geburt Ramas errichtet sein soll. Die Auseinandersetzungen und Zerstörungen haben 1992 bekanntlich zur Regierungskrise in Indien geführt. Der Streit paßt überhaupt nicht zum im Westen verbreiteten Bild des toleranten, gewaltlosen Inders. Er wird aber verständlich, wenn die zwingende Gewalt einer inklusiven Denkform erkannt wird.

c) „Inklusivismus“

Der von dem Indologen Paul Hacker ins Spiel gebrachte „Inklusivismus“ verdient schon deshalb Beachtung, weil er – wie zu Recht beobachtet worden ist – über den vordergründigen Versuch einer Beschreibung des indischen Religionsphänomens hinaus zu einer Bewertung weiterführt. Was von Stietencron auf seine Weise mit der Feststellung einer Mehrzahl von Hindu-Religionen abschließt, wird von Hacker einmal in seiner eigentümlichen Verschränkung bedacht, sodann zugleich als Gegenüber von Eigenem und Fremden zur Sprache gebracht. Seinen Verständnisvorschlag beschreibt er folgendermaßen:

> Inklusivismus ist ein Begriff, den ich zur Beschreibung von Daten aus demjenigen Bereich benutze, den wir indische Religionen und speziell indische Religionsphilosophie nennen. Inklusivismus bedeutet, daß man erklärt, eine zentrale Vorstellung einer fremden religiösen oder weltanschaulichen Gruppe sei identisch mit dieser oder jener zentralen Vorstellung der Gruppe, zu der man selber gehört. Meistens gehört zum Inklusivismus ausgesprochen oder unausgesprochen die Behauptung, daß das Fremde, das mit dem Eigenen als identisch erklärt wird, in irgendeiner Weise ihm untergeordnet oder unterlegen sei. Ferner wird ein Beweis dafür, daß das Fremde mit dem Eigenen identisch sei, meist nicht unternommen.

Mit einer ähnlichen Problematik sah sich auch das junge Christentum konfrontiert, als es in seiner Frühzeit fremden Religionen und Philosophien gegenüberstand und dann freilich weniger nach Identifizierungs- als nach Verwendungsmöglichkeiten (griech. *chresis)* von fremdem Gut Ausschau hielt. Für die indische Welt wird jedoch reklamiert, daß dort das Eigene im Fremden wiedererkannt wird. Damit wird aber zumeist die Identität des Fremden als Fremden unterschlagen; das Fremde wird gar seiner Identität beraubt. Wo das Fremde sich dann gegen diese Unterschlagung und Beraubung zur Wehr setzt, kommt es nahezu unvermeidlich zum Konflikt.

Der Wiener Indologe und Philosoph Gerhard Oberhammer hat den Gedankengang auf seine Weise weiter vertieft. Zunächst ist noch einmal daran zu erinnern, daß sich bei aller denkerischen Kraft, die wir in Indien finden, diese nicht in rein spekulativ-philosophischer Arbeit erschöpft, sondern es mit dem zu tun hat, was wir als „religiösen Mutterboden" bezeichnen können. Immer geht es auch um die religiösen Grunderfahrungen und ihre Versprachlichungen, um das Mythische und Asketisch-Praktische. Das 2. Vatikanische Konzil hat in diesem Sinne in *Nostra aetate* 2 vom Hinduismus gesagt:

> So erforschen im Hinduismus die Menschen das göttliche Geheimnis und bringen es in einem unerschöpflichen Reichtum von Mythen und in tiefdringenden philosophischen Versuchen zum Ausdruck und suchen durch aszetische Lebensformen oder tiefe Meditation oder liebend-vertrauende Zuflucht zu Gott Befreiung von der Enge und Beschränktheit unserer Lage.

Eigentlich müßte an dieser Stelle ausführlicher über das Verständnis des Mythischen gesprochen werden. Doch müssen wir uns hier damit begnügen, einige Momente, die im Grunde nicht umstritten sind, in Erinnerung zu bringen:

1. Mythen sind nicht rein argumentativ gewonnene

Einsichten, sondern vermitteln sprachlich Erfahrungen von Sinn und Heil.

2. Sie werden für eine bestimmte Traditionsgemeinschaft zu einem verantwortlich geglaubten Entwurf und damit zur Autorität, sofern sie sich in der menschlichen Bedrohung durch radikale Sinnlosigkeit und in der Unmittelbarkeit des Todes immer neu bewähren.

3. Falls für einen Mythos nicht notwendigerweise abschließende Endgültigkeit gefordert ist, bleibt er grundsätzlich offen für andere, sich besser bewährende Mythisierungen. Diese lassen sich nach Oberhammer vom gläubigen Bewußtsein als Entwurf von Transzendenzerfahrung übernehmen und entwickeln. Sie ermöglichen im Kontext der bereits tradierten Erfahrungen wechselseitige Beeinflussungen und zugleich eine Entfaltung der religiösen Transzendenzerfahrung.

Oberhammer macht aber dann darauf aufmerksam, daß dieser Art mythische „Fortsetzungsgeschichten" dort blockiert sind, wo – wie im Christentum – unter Berufung auf die Eindeutigkeit und Endgültigkeit eines historischen Ereignisses die Glaubensaussage – sie wird dann theologischerseits auch nur noch ungern als „Mythisierung" angesprochen – selbst durch diese bestimmt und unüberholbar wird. Hier wird dann auch der wahre Grund dafür sichtbar, daß Hacker im Christentum keinen Platz für ein inklusivistisches Verhalten sieht, sondern nur noch den *usus iustus,* d. h. den angemessenen Gebrauch fremder Mythisierungen, anerkennt. Freilich hat er damit den Übergang von einer religionsphänomenologischen Deskription in ein konfessionsorientiertes Denken vollzogen. Jenseits des rein Deskriptiven ist „Inklusivismus" aus dem Blickwinkel christlich bestimmter Religionstheologie zu einer Bewertungskategorie geworden.

d) Zwischenbemerkungen

Hier lassen sich nun im Sinne eines Zwischenergebnisses eine Reihe von Beobachtungen anschließen:

– Gerade weil die christliche Bindung an den historischen Jesus von Nazaret dem Christentum einen eindeutigen Ausgangspunkt in der Geschichte gibt und damit die vielen Ansätze im Mythischen überholt, bleibt für den, der die Bindung an die Einzigartigkeit und unüberholbare Fülle göttlicher Selbstmitteilung in Jesus von Nazaret ablehnt, die Rückkehr zum Mythos eine mögliche Alternative. „Indien“ wird dann ähnlich wie der „Hinduismus“ zu einer Chiffre für die Fülle von Denk-, aber auch Verhaltensmöglichkeiten auf dem Weg subjektiver Lebensbewältigung.

– Insofern der Mythos menschliche Einsicht und menschliches Aussagevermögen miteinander verbindet, liegt bei einer starken Betonung des *menschlichen* Anteils der Übergang in den philosophischen Vollzug nahe, so daß aus Religion Philosophie bzw. eine ihrer Nachfolgegestalten wird. Dem widerspricht nicht das Verlangen, auf diesem Wege das zu verwirklichen, was wir menschliches Heil oder Glück nennen. Das ist umso weniger der Fall, wo das Heil wesentlich in der Einsicht und damit in der Erkenntnis – griechisch gesagt: in der *Gnosis* – gesucht wird.

– Wo der abendländische Mensch infolge seiner Abkehr von der christlichen Botschaft Kontrastprogramme in fremder Religiosität, zumal in der asiatischen, sucht und findet, ist aber genau zu prüfen, ob das entworfene Bild von Hinduismus, Buddhismus oder auch einer der chinesischen Religionen eher ein Traumbild ist oder tatsächlich der historischen Wirklichkeit entspricht. Eine genauere Befragung der Religionswissenschaft in Geschichte und Phänomenologie beweist heute, daß es im aktuellen Gebrauch asiatischer Religiosität weithin zu Blickverengungen, selektivem Verfahren und falschen Idealisierungen kommt.

– Ein wichtiges Problem stellt sich für die christliche Theologie – analog zu der früher gemachten Beobachtung –, wieweit sich christliche Zentralbegriffe wie Offenbarung und Heil unbesehen auf die verwickelte Phänomenologie indischer Religionen übertragen lassen. Scheinbare Ähnlichkeiten führen nicht selten in die Aporie, daß das Unterscheidende als Fremdkörper und Störfaktor empfunden und folglich übersprungen wird. Die Gefahr einer leichtfertigen Einebnung der Religionen zu einem eher aufklärerischen Einheitsbrei ist dann nicht mehr von der Hand zu weisen.

2. Der Buddhaweg

a) Drei Kostbarkeiten

Unter den in Europa wirksamen asiatischen Wegen kommt dem Buddhismus eine besondere Bedeutung zu. Gerade hier warnt aber heute die Religionswissenschaft vor jenen Blickverengungen, die sich leicht dort einstellen, wo der Buddhismus vor allem unter der Rücksicht, Alternativprogramm zum Christentum zu sein, betrachtet wird. Denn es besteht die Gefahr, daß das Fremde am Ende doch nur aus dem Blickwinkel der abgelehnten Weltsicht gesehen und die dazu alternativen Gesichtspunkte herausgestellt werden. Der eigentümlich fremde Ansatz bleibt dann sekundär.

Nun bemühen sich heute alle Religionen darum, ihre Botschaft auf eine möglichst eingängige Weise einer größeren Öffentlichkeit zu präsentieren. Im Christentum ist seit einigen Jahrzehnten die Rede von Kurzformeln des Glaubens. Selbst die Mehrzahl von Katechismen weist in diese Richtung. Eigentümliche Kurzformeln kennt auch der Buddhismus. Hier bietet sich vor allem jene an, die sich in den frühesten Schichten des buddhistischen Schriftkanons findet und zugleich einen prominenten Platz in der buddhistischen Liturgie hat, die sogenannte „Dreifache Zuflucht“ bzw. die „Drei Kostbarkeiten“:

Ich nehme den *Buddha* als meine Zuflucht.
Ich nehme den *Dharma* als meine Zuflucht.
Ich nehme den *Sangha* als meine Zuflucht.

Buddha, die historische Gestalt des Erleuchteten, Dharma, das Rad der Lehre, und Sangha, die Jüngergemeinschaft, machen gemeinsam den Zufluchtsort, damit aber auch den Identifikationspunkt des Buddhajüngers aus. Der Buddhist muß also, wo er seinen religiösen Weg beschreiben will, von diesen drei Momenten sprechen. Das bleibt gültig, auch wenn der Buddhaweg sich dann im Prozeß seiner Verbreitung wie auch im Laufe der Zeit vielfältig verästelt hat. In der Eigentümlichkeit der drei Momente fällt aber zugleich auch neues Licht auf das Christentum, so daß sich von dort aus ein sinnvoller Dialog zwischen Christentum und Buddhismus ergibt.

Buddha

Anders als der Hinduismus im allgemeinen hat der Buddhismus einen historischen Anfangspunkt, der sich mit Siddharta Gautama, nach seinem Stamm „Shakyamuni“ und nach seinem zentralen Erleuchtungserlebnis „Buddha“ genannt, verbindet. Die Lebenszeit der Gründergestalt ist bis heute in der Wissenschaft umstritten; sie reicht jedenfalls in das 5.–6. vorchristliche Jahrhundert zurück. Wichtig sind aber dann folgende Beobachtungen:

– Der Buddha muß in seinem historischen, vom Hinduismus geprägten Kontext gesehen werden. Das bedeutet, daß der monotheistische Glaubenshorizont nicht als Christen und Buddhisten gemeinsamer Rahmen eingesetzt werden kann. Die lange verbreitete Rede vom „Atheismus“ des Buddha bedarf daher ihrer Überprüfung.

– Die Tatsache, daß Veda und Kastenordnung keine normative Geltung für den Buddha behalten haben, ist der wesentliche Grund dafür, daß dem Buddhismus in der Folgezeit eine eigene Identität als religiöser Weg zugesprochen wird. Ausgangspunkt dieses Weges ist der vom Buddha exemplarisch vorgelebte spirituelle Weg radikaler Loslösung, der in der Erfahrung radikaler Freiheit, des Nirvana oder auch der Erleuchtung seine Erfüllung findet.

– Insofern als die Erleuchtung nicht mit dem Tod ineinsfällt, bleibt Raum für ein im Lichte der Weisheitserfahrung verändertes Leben der mitleidenden Hingabe an die Mitmenschen und die Welt und damit eines Einsatzes zugunsten der Befreiung der unerlösten, blinden Welt. Weisheit und Mitleiden sind die beiden bestimmenden Haltungen, die im Kleinen wie im Großen Fahrzeug, aber auch im tibetischen Diamantfahrzeug bleibende Bedeutung behalten.

Dharma

Die Hinkehr zur unerleuchteten, unwissenden Welt findet im Buddhaleben dort Ausdruck, wo dieser nicht in der Erleuchtungspose verharrt, sondern sich auf den Weg der Verkündigung macht und das Rad der Lehre, das Dharma-Rad, in Bewegung setzt. „Dharma“ ist neben dem Buddha-Titel jener Zentralbegriff, der in einer Vielzahl von Verständnissen und Nuancierungen über die verbalisierte Verkündigung hinaus auf das tragende

Weltgesetz und die in allem Seienden wirksame Ordnung verweist.
Die Buddha-Predigt selbst hat in den sogenannten *„Vier Edlen Wahrheiten“* ihren bleibenden Ausdruck gefunden. Den Ausgangspunkt bildet in der *1. Wahrheit* die Einsicht:

Alles ist Leiden: „Geborenwerden ist Leiden, Altwerden ist Leiden, Krankheit ist Leiden, Sterben ist Leiden, mit Unliebem vereint zu sein ist Leiden, von Liebem getrennt zu sein ist Leiden, nicht zu erlangen, was man begehrt, ist Leiden. Kurz: Die fünf Gruppen des Anhaftens sind Leiden.“

Damit bildet die Erfahrung der Vergänglichkeit, gipfelnd in der Aussicht des sicheren Todes, den Ausgangspunkt des Buddhaweges.

Sie setzt sich in der *2. Wahrheit* fort in der Bestimmung der Ursache des Leidens, die einmal mit dem Begriff „Durst“, sodann aber auch mit dem „Unwissen“, genauer: der „Blindheit“ beschrieben wird:

„Es ist der Durst, der von Wiedergeburt zu Wiedergeburt führt, zusammen mit der Lust und der Gier, die hier und dort ihre Befriedigung findet: der Durst nach Lust, der Durst nach Dasein, der Durst nach Unbeständigkeit.“

„Durst“ schließt einmal das Verlangen nach Überwindung der Vergänglichkeit ein. Er richtet sich aber dann – und das macht seine Blindheit aus – auf das Vergängliche selbst. Im Ergebnis bleibt der Mensch folglich eingebunden in das Netz der Verhaftungen, die für ihn unentrinnbar werden. Für den abendländischen Menschen ist es wichtig zu erkennen, daß die Wiedergeburtslehre hier wesentlich unter dem negativen Vorzeichen unausweichlicher Verkettung steht.

Dem setzt der Buddha in der *3. Wahrheit* seine eigene Erfahrung der Befreiung als Frohbotschaft entgegen:

Es gibt ein Entrinnen aus der Verkettung: „die Auslöschung dieses Durstes durch die vollständige Vernichtung des Verlangens, indem man das Verlangen verbannt, ihm entsagt, sich davon befreit, ihm keinen Platz einräumt."

Was sich hinter dem *„Nirvana"* verbirgt, ist die Erfahrung der Freiheit von aller Anhaftung, das eigene Ich eingeschlossen, die Überwindung des Todes, Erleuchtung.

Wem diese Botschaft „einleuchtet", der fragt wie selbstverständlich nach dem Weg zur Überwindung des Leidens. Die *4. Wahrheit* beschreibt in einer 3.Kurzformel den sogenannten *„Achtfachen Pfad":*

„Es ist dieser heilige Weg, der acht Glieder hat und heißt: rechte Erkenntnis, rechte Gesinnung, rechte Rede, rechtes Tun, rechter Lebenserwerb, rechte Anstrengung, rechte Achtsamkeit, rechte Sammlung."

Es geht um einen „mittleren Pfad", das heißt, einen Pfad, der die Mitte zwischen einem Zuviel und Zuwenig sucht. Er wird in der Regel als Weg der Sittlichkeit (Glieder 3–5) und Sammlung (6–8) gedeutet, dem die beiden Eingangshaltungen als Einstieg in den Weisheitsweg vorangestellt werden. Sosehr das ethische Verhalten sich in seiner Konkretheit mit dem auch in anderen Religionen bekannten Verhalten trifft, sosehr ist es doch durch die beiden Glieder 2 und 6 in den Zusammenhang der eigentümlich buddhistischen Heilssuche eingebunden.

Sangha

Zu den drei Kostbarkeiten gehört schließlich die Gemeinschaft jener Männer und Frauen, die sich voll Vertrauen dem vom Buddha verkündeten Weg der Todüberwindung und Befreiung widmen. Wie zuvor bemerkt, steht der Weg des Buddha grundsätzlich allen Menschen, Männern wie Frauen, unabhängig von der Zugehörigkeit zu einer bestimmten Kaste offen. Zwei Dinge sind aber dann nicht zu übersehen:

– *Einmal* ist die Geschichte des Buddhismus nicht unwesentlich geprägt vom Spannungsverhältnis zwischen einer ständigen Tendenz zur Elitisierung und der Wiederherstellung der grundsätzlich allen Menschen offenstehenden Botschaft möglicher Befreiung. Was analog zu den radikalen Formen christlicher Selbstverwirklichung als Mönchtum, von Männern und Frauen verwirklicht, angesprochen wird, darf dennoch nur insofern mit diesem gleichgesetzt werden, als es in ihm um die Einübung in die Grundgestalten radikaler Loslösung geht. Diese führt aber dann zu Lebensformen radikalen Allein- und Ungebundenseins.

Wo solche Lebensformen zur Klerikalisierung führten – diese aber sind durchaus auch im Buddhismus anzutreffen –, mußte es zu Gegensteuerungen kommen. Diese beobachten wir einmal im Wechsel vom sogenannten „Kleinen", weil elitären „Fahrzeug" (= *Hinayana-Buddhismus)* zum „Großen", die Universalität der Heilsfindung wiederherstellenden „Fahrzeug" (= *Mahayana-Buddhismus).* Einen ähnlichen Prozeß können wir dann auch innerhalb des Großen Fahrzeugs entdecken, wo der meditative *Zen-Buddhismus* durch den volkstümlicheren, auf das mitleidende Wirken Amidas vertrauenden *Amida-Buddhismus* ergänzt wird. Selbst innerhalb dieses Amida-Buddhismus gibt es dann in unserem Jahrhundert – vor allem in Japan – nochmals eine sehr wirksame Betonung der Universalität in den großen, international wirksamen Laienorganisationen *Risshokoseikai* und *Sokagakkai,* – die eine bekannt geworden durch den lange Jahre auch in der „Weltkonferenz der Religionen für den Frieden" führend tätigen Präsidenten Niwano, die andere durch ihre politische Wirksamkeit in Japan.

Die starke Betonung der Loslösung führt verständlicherweise im Buddhismus auch zu einer starken Spannung zwischen dem Einzelnen und den eher lockeren Formen der Gemeinschaft. Erst wo der Buddhismus sich anderen religiösen Gemeinschaften gegenübergestellt sieht, kommt es zu stärker ausgeprägten Gesellschaftsformen. Dem individualistisch geprägten abendländischen Menschen war gerade der lockere Verbund eine willkommene Alternative zu den kirchlichen Sozialisationsformen.

– Ein *Zweites* wird vielleicht erst in unseren Tagen ein vollwertiger Ansatzpunkt zum interreligiösen Gespräch. Die Tatsache, daß in der Gestalt des Buddha ein Mensch die Absprungsbasis in die Freiheit der Todlosigkeit wird, dürfte bei aller Beachtung des Gesamtfeldes der Welterfahrung auf die Dauer dem Menschen eine besondere Würde sichern. Der Sangha ist denn auch eine Gemeinschaft von Menschen, deren Beziehungen zueinander wie zu denen, die in der Blindheit der Unerlöstheit leben, dennoch anders bestimmt werden müssen als die Beziehungen zu den übrigen Lebewesen der Welt. Auf diesen Punkt möchte ich schon deshalb besonders hinweisen, weil die Rückbindung des Menschen in den Bereich alles Lebendigen inzwischen nicht selten eher nach den Gemeinsamkeiten zwischen den Lebewesen als nach der Bestimmung der eigentümlichen Menschenrechte fragen läßt. Es ist aber der Mensch, der seine ihm anvertraute Verantwortung für die Welt und für sich selbst nicht an andere, unverständige Lebewesen delegieren kann.

b) Buddhismus und Christentum

Am Ende müssen wir zum Verhältnis von Christentum und Buddhismus zurückkehren. Gerade weil die abendländische Wirkung des Buddhismus in der Neuzeit – ähnlich wie die des Hinduismus – wesentlich von der christentumskritischen Zeiteinstellung bestimmt war, war es naheliegend, nicht bei der Geschichte des Buddhismus etwa in Deutschland zu beginnen. Denn bei allem Bemühen, den originären Buddhismus zu vermitteln, war der religiöse Vergleichsrahmen, in dem diese Bemühung stattfand, zunächst der christliche. Beachtet man aber, daß die indischen Religionen erst in unseren Tagen wirklich gezwungen sind, sich auf die Religionen des Westens einzustellen, ist es unbedingt erforderlich, daß in einem dialogischen Umgang der Fremde von seinem ihm eigentümlichen Ursprung und Umfeld bedacht wird. Darum sind wir zumindest beim Buddhismus bewußt auf die in ihm betonten „Kurzformeln" eingegangen.

Das bedeutet dann allerdings nicht, daß der Christ gerade um des rechten Verständnisses willen wie auch im Hinblick auf das in der heutigen Weltsituation geforderte gemeinsame Handeln nicht auch nach der Verträglichkeit seiner eigenen Grundoptionen mit den buddhistischen Grundeinsichten fragt. Auch wenn die anthropologische Fragestellung ebenso wie die nach der Weltverfaßtheit einen gemeinsamen Ausgangspunkt bilden, braucht der Christ von Gott nicht zu schweigen.

Es kann freilich dann geschehen, daß der Ruf nach Loslösung, wie er im Buddhismus erkennbar ist, aber auch in der Radikalität christlichen Glaubensverständnisses nicht fehlt, in ein gemeinsames Schweigen vor dem großen, der menschlichen Verfügung entzogenen

Geheimnis ruft. Mystik und Meditation sind inzwischen Felder gemeinsamer Begegnung.

Der Respekt vor dem je eigenen Weg macht aber auch vor der genuin christlichen Botschaft von der Menschwerdung Gottes in Jesus von Nazaret nicht Halt. Gerade der Versuch, die Menschwerdung Gottes als die radikale Einkehr Gottes in das Andere seiner selbst, damit in die radikale Gottferne zu verstehen und die bekannte Stelle von der *kenosis* Gottes in Phil 2 im Lichte der buddhistischen Lehre von *shunyata* = Leere zu lesen, eröffnet neue Gemeinsamkeiten.

Die christliche Lehre von der Selbstentäußerung Gottes (= *kenosis)* als der radikalen Heilssolidarität mit Mensch und Schöpfung findet heute dort ihre Resonanz, wo die gewonnene Weisheit sich in der mitleidend-selbstlosen Liebe zu den Entrechteten in aller Welt und zu denen, die ihre Menschenwürde verloren haben, auch buddhistischerseits fortsetzt. Umgekehrt wirkt der Ruf nach Gelassenheit, Einkehr und Sammlung dort provokativ, wo die Gestaltung des Menschseins vorrangig an den aktiven Einsatz des Menschen gebunden zu sein scheint.

In Berlin-Frohnau gibt es seit 1924 das von dem Arzt Paul Dahlke (1864–1928) gegründete Buddhistische Haus. Vermutlich ist Romano Guardini dort mit dem Buddhismus in Berührung gekommen. Nach wie vor gehört das, was er in seinem Buch *Der Herr* über den Buddha geschrieben hat zu dem Bedenkenswertesten, was Christen über ihn geschrieben haben:

Was der Mensch wirken kann, sind nur Wirkungen innerhalb der Welt. Er kann gegebene Möglichkeiten entwickeln; Zustände des Seienden ändern und gestalten – an die Welt als Ganzes rührt er nicht, denn er steht in ihr ... Ein Einziger hat ernsthaft versucht, Hand ans Sein selbst zu legen: Buddha. Er hat mehr gewollt, als nur besser zu werden, oder, von der Welt ausgehend, den Frieden zu finden. Er hat das Unfaßliche unternommen, im Dasein stehend das Dasein als solches aus den Angeln zu heben. Was er mit dem Nirvana gemeint hat, mit dem letzten Erwachen, mit dem Aufhören des Wahns und des Seins, hat christlich wohl noch keiner verstanden und beurteilt. Der das wollte, müßte in der Liebe Christi vollkommen frei geworden, aber zugleich jenem Geheimnisvollen im sechsten Jahrhundert vor der Geburt des Herrn mit tiefer Ehrfurcht verbunden sein.

Sechstes Zwischenergebnis

1. Deutlicher als in den beiden „Nachbarreligionen" des Christentums kommt in den Religionen Asiens die Möglichkeit anderer Lebenswege und Sinnantworten in den Blick, die als Alternativen zum Christentum dieses selbst zu einer Antwort unter vielen macht.

2. Die Faszination der asiatischen Wege liegt einmal im anderen Stellenwert der Gottesfrage, der am Ende aus der abendländischen Perspektive sogar Berührungspunkte zum Verlust der Gottesfrage im europäisch-westlichen Denken besitzt, sodann im Angebot der Komplementarität zum technisch-wissenschaftlich bestimmten Lebensprogramm vieler Zeitgenossen, dem Zug zur Verinnerlichung und Selbstfindung in Meditation und Gelassenheit.

3. Das Christentum kann aufgrund der Begegnung mit Asien einmal einen Prozeß der Wiederentdeckung von Verlorenem und Vergessenem einleiten, sodann aber auch im Hinblick auf Asien neue Facetten des eigenen Christusglaubens entdecken; die Stichworte „kenotische Christologie" und „kosmischer Christus" markieren zwei zu vertiefende Reflexionsprozesse.

Nachdem wir im Blick auf Asien den Umkreis der heute weltweit wirksamen Religionen und damit zugleich den pluralen Umkreis des Christentums sichtbar gemacht haben, ist in einem weiteren Schritt zu fragen, wie das Spannungsfeld von je Eigenem und Fremden in der heutigen Gesellschaft bewältigt wird. Der sich sperrende Fundamentalismus steht als Gefahr ebenso im Raum wie der Verlust jeglicher Identität.

Literaturhinweise

R. Guardini, Der Herr. Betrachtungen über die Person und das Leben Jesu Christi, Würzburg [13]1965.

W. Halbfass, Indien und Europa. Perspektiven ihrer geistigen Begegnung, Basel – Stuttgart 1981.

R. Hummel, Indische Mission und neue Frömmigkeit im Westen. Religiöse Bewegungen Indiens in westlichen Kulturen, Stuttgart 1980.

H.-J. Klimkeit, Der politische Hinduismus. Indische Denker zwischen religiöser Reform und politischem Erwachen, Wiesbaden 1981.

Ders., Der Buddha. Leben und Lehre, Suttgart 1990.

H. Küng – J. v. Ess – H.v. Stietencron – H. Bechert, Christentum und Weltreligionen, München 1984.

H. Küng – K.-J. Kuschel, Erklärung zum Weltethos. Die Deklaration des Parlamentes der weltreligionen, München 1993.

K.-J. Notz, Der Buddhismus in Deutschland in seinen Selbstdarstellungen. Eine religionswissenschaftliche Untersuchung zur religiösen Akkulturationsproblematik, Frankfurt 1984.

G. Oberhammer (Hrsg.), Inklusivismus. Eine indische Denkform, Wien 1988.

A. Pieris, Theologie der Befreiung in Asien. Christentum im Kontext der Armut und der Religionen, Freiburg 1986.

P. Schmidt-Leukel, „Den Löwen brüllen hören". Zur Hermeneutik eines christlichen Verständnisses der buddhistischen Heilsbotschaft, Paderborn 1992.

H. v. Stietencron, Hinduismus/Hindu-Religionen, in: H. Waldenfels (Hrsg.), Lexikon der Religionen. Phänomene – Geschichten – Ideen, Freiburg [2]1988, 288–296.

H. Waldenfels, Faszination des Buddhismus. Zum christlich-buddhistischen Dialog, Mainz 1982.

Ders., An der Grenze des Denkbaren. Meditation – Ost und West, München 1988.

Ders., Begegnung der Religionen. Theologische Versuche I, Bonn 1990.

VII

Zwischen Fundamentalismus und Synkretismus

Schlagworte

Schlagworte haben es an sich, daß sie den Eindruck erwecken, jedermann müsse sie verstehen, weil sie zum selbstverständlichen Allgemeingut der Zeit gehören. Folglich ist man auch der Aufgabe ledig, genauer zu erklären, was man meint. Das Phänomen verdiente keine größere Beachtung, wenn Schlagworte nicht oft genug als Mittel politischer Agitation oder auch gesellschaftlicher Stimmungmache eingesetzt und alle diejenigen, die sich ihre Inhalte nicht zu eigen machen, ins Abseits stoßen würden. Mit Schlagworten kann man Schläge austeilen und Menschen mundtot machen, sie gesellschaftlich ächten und töten. Schlagworte sind besonders gefährlich, wenn sie im politischen, aber auch im religiösen bzw. ideologischen Raum Verwendung finden. Die Geschichte ist voller Beispiele dafür.

Zu solchen Schlagworten, die je nach Standpunkt negativ besetzt sind, gehören die Seitenbezeichnungen „rechts“ und „links“, auch „konservativ“ und „progressiv“, sodann heute „multikulturell“, „patriarchalisch“, im religiösen bzw. interreligiösen Bereich Wörter wie „dogmatisch“, „monistisch“, „magisch“, „mythisch“ u. a. m.

Der Verlust der Tiefe der Sprache, die Sprachmanipulation durch das anonyme „Man sagt“, heute zudem die Rückkehr in einen neuen Analphabetismus, der aufgrund der Bild- und Visionsmedien um sich greift, sind aber gefährliche Störfaktoren in einer Zeit, in der die Kommunikation zwischen den Menschen vielfältigster Standpunkte ein Gebot der Stunde ist.

Schlagworte leben aber dann ebenso von der Vereinfachung wie die Verwendung vieler technischer Kommunikationsmedien. Angesichts der Komplexheit und Kompliziertheit vieler Lebensabläufe finden sie Sympathie und Akzeptanz. Das ist der Fall, obwohl sie oft genug zerstörerisch wirken und unheilvoll sind. Politik wie Religion sollten aber – bei allen Unterscheidungen – dem Menschen helfen. Im Unterschied zur Politik versprechen sich die Menschen von der Religion umfassende Sinngebung und Wegweisung zur Vollendung und Erfüllung ihres Lebens. Hier aber stellt sich die Frage: Wie kann sich die einzelne Religion bewähren, wenn sie sich in Konkurrenz zu anderen Religionen befindet, wie es im Pluralismus der heutigen Zeit der Fall ist?

Zwei Extremlösungen bieten sich an, die sich ihrerseits unter Schlagworten unserer Zeit verstecken: Fundamentalismus, die absolute Sicherung der Identität, des Eigenen, eine Haltung sich verschließenden Rückzugs, und Synkretismus, das Aufgehen in der Vielfalt bis zum Verlust der eigenen Identität, eine Einstellung, die ihrerseits kommunikationslos bleibt, weil sie am Ende die dialogische Partnerschaft zerstört. Gewiß simplifizieren auch diese Schlagworte. Gefährlich sind sie aber vor allem deshalb, weil die dahinter sich verbergenden Haltungen unversöhnlich einander gegenüberstehen. Dennoch ist es hilfreich, sie zu bedenken, weil der wahre Weg zumeist im Kreuzungspunkt von Extremen liegt.

1. Fundamentalismus

a) „Kampfbegriff"?

Polemisch gegen den verbreiteten Trend schreiben die Herausgeber des *Merkur* (Jg.46 (1992), H.9/10: Gegen-Moderne?):

> Fundamentalisten – das sind immer die anderen: die Ängstlichen, die Bornierten und Verhetzten, die vor den Widersprüchen und Zumutungen der Moderne in die Sicherheit von Religion, Ideologie und Fanatismus flüchten; denen die Negativität der Gegenwart, die Zersplitterung und Entwertung eben noch geltender individueller und kollektiver Lebensentwürfe angst macht; die sich nach Einheit und Ganzheit sehnen, die es so jedoch nie gegeben hat, auch nicht in einer idealisierten Vergangenheit.

„Fundamentalismus" ist kein in der Wissenschaft gewachsener Begriff. Als „politischer Kampfbegriff" ist er in letzter Zeit polemisch vor allem auf den Islam angewendet worden. Polemisch war der Begriff aber schon, als konservative nordamerikanische Protestanten zwischen 1910 und 1915 ihre Schriftenreihe *The Fundamentals* veröffentlichten und dabei ihrer Bewegung einen Namen gaben. In der genannten Schriftenreihe polemisierten sie gegen jeden theologischen, kulturellen und politischen Liberalismus ihrer Zeit, gegen eine historisch-kritische Bibelexegese, zugunsten eines wörtlichen Verständnisses der Schöpfungsgeschichte gegen jede Evolutionstheorie, – schließlich auch gegen jeden Synkretismus in interreligiösen Dialogen, im Ökumenismus u.ä. Ähnliche Abwehr- und Schutzbewegungen gegen moderne Einflüsse im christlichen Raum hat es auch nach dem 2. Weltkrieg in den christlichen Kirchen, nach dem 2. Vatikanischen Konzil zumal auch im katholischen Raum gegeben. Wolfgang Beinert hat unter dieser Rücksicht exemplarisch drei Bewegungen bedacht: die im Anschluß an die von Erzbischof Lefebvre gegründete Bruderschaft formierte und zugleich in Absetzung von ihr kirchlich anerkannte St.Petrus-Bruderschaft, das Opus Dei und das Engelwerk.

Gegen die Engführungen des Begriffs auf ausgegrenzte religiöse Gemeinschaften propagieren Karl-Heinz Bohrer und Kurt Scheel ein weites Verständnis des Fundamentalismus, das dann auch politische, kulturelle, selbst ökonomisch-ökologische Bewegungen, zumal wo sie zu einem Religionsersatz werden, einschließt und damit den Fundamentalismus zu einem Phänomen der ganzen Zeitgeschichte macht:

> Die seit Beginn des Jahrhunderts in Europa auftretenden Erlösungslehren tragen deutlich fundamentalistische Züge, die aggressivste dieser Bewegungen, der deutsche Faschismus, war sogar in der Lage, einen Staat neu und modern zu organisieren. Was bedeutet, daß Fundamentalismus eben nicht vormodern, sondern Teil der Moderne, Teil des aufgeklärten, des westlichen, unseres Denkens ist.
>
> Und heute? Sind die Warnungen vor einem ökologischen Fundamentalismus, der einer Chimäre der Natur „als solcher" hinterherläuft, berechtigt? Oder geht nicht, im Gegenteil, die Gefahr von einem ökonomischen Fundamentalismus aus, der nach dem Zusammenbruch des Sozialismus nun vom Kapitalismus und den „Selbstheilungskräften des Marktes" alles erwartet?

Eine solche Ausweitung des Begriffes bringt einerseits eine Entlastung des Eigentlich-Religiösen mit sich, ruft aber andererseits erst recht nach einem angemessenen Verständnis und Gebrauch des Begriffs.

b) Der Begriff

Auch wenn es in kirchlichen Kreisen immer noch zögerliche Stimmen gibt, werden doch weithin zustimmend Definitionsversuche wie die des Politologen Thomas Meyer zitiert. Zwei solcher Formeln, die in der Bundesrepublik für ihn in gleicher Weise den „lebensweltlichen", den „kulturellen" wie den „politischen Fundamentalismus" betreffen, lauten:

> Fundamentalismus ist eine willkürliche Abschließungsbewegung, die als immanente Gegentendenz zum modernen Prozeß der generellen Öffnung des Denkens, des Handelns, der Lebensformen und des Gemeinwesens absolute Gewißheit, festen Halt, verläßliche Geborgenheit und unbezweifelbare Orientierung durch irrationale Verdammung aller Alternativen zurückbringen soll.
>
> Fundamentalismus ist der selbstverschuldete Ausgang aus den Zumutungen des Selberdenkens, der Eigenverantwortung, der Begründungspflicht, der Unsicherheit und der Offenheit aller Geltungsansprüche, Herrschaftslegitimationen und Lebensformen, denen Denken und Leben durch Aufklärung und Moderne unumkehrbar ausgesetzt sind, in die Sicherheit und Geschlossenheit selbsterkorener absoluter Fundamente. Vor ihnen soll dann wieder alles Fragen Halt machen, damit sie absoluten Halt geben können, genauso wie vor ihnen wieder alles andere relativ werden soll, damit sie der Relativierung entzogen bleiben. Die Argumente, Zweifel, Interessen und Rechte desjenigen, der sich nicht auf ihren Boden stellt, sollen nicht mehr berücksichtigt werden.

Was hier formuliert wird, läßt sich nuanciert genauso auf den nordamerikanischen Fundamentalismus des Ursprungs anwenden (absolute Gewißheit in der Verbalinspiration, fester Halt in den theologischen „Tatsachen", Orientierung an einer unzweifelhaften Weltanschauung) wie auf die Beispiele eines katholischen Fundamentalismus (z. B. Lefebvre: willkürliche Bestimmung der tridentinischen Liturgie als Schlußpunkt jeglicher liturgischer Entwicklung, auch Absage an legitime Lehrentwicklungen bis in die Gegenwart) wie schließlich auf den islamischen, den hinduistischen Fundamentalismus, aber dann auch auf dessen politische und kulturelle Formen. In diesem Sinne gilt mit Thomas Meyer:

> Fundamentalismus kann sich überall ereignen, wo Widersprüche zwischen den Verheißungen und den Zumutungen der Moderne nicht mehr ertragen werden. Wo die Moderne aber, wie in den am weitesten vorangeschrittenen industriellen Zivilisationen, die Apokalypse möglich erscheinen läßt, hat der Fundamentalismus leichtes Spiel. Er ist nicht nur eine Folge der Versprechen und der Grenzen, die aufgeklärtes Denken verantworten muß. Er ist auch eine Frage der Lebensformen, die in der modernen Welt möglich sind. Er ist die Kehrseite der Modernisierung selbst.

Übereinstimmend sind die verschiedenen Gestalten des heutigen Fudamentalismus somit Gegenbewegung zur Aufklärung bzw. zur Modernen. Ein spezifisches Moment dieser Gegenbewegung ist heute vor allem die Reaktion gegen die in dieser Modernen zum Durchbruch kommenden Weisen des Pluralismus. Ob er will oder nicht, – der Fundamentalismus muß auf dem Boden der Moderne agieren. Der Ausstieg in einen vor- oder außermodernen Bereich heutiger Lebensverwirklichung kann, wenn überhaupt, nur scheinbar gelingen. Das müssen sich vor allem Fundamentalismen sagen lassen, die sich auf eine religiöse Motivation zurückzuziehen suchen und dabei noch am ehesten den geschilderten Eindruck hinterlassen.

Umgekehrt kann aber – wie gesagt – das Bekenntnis zur Modernen selbst fundamentalistische Züge annehmen. Solche treten heute an verschiedenen Stellen zutage:

– Bei nüchterner Überprüfung der neuzeitlichen europäischen Kolonialgeschichte zeigt heute unweigerlich die in Licht und Schatten bis in unsere Tage weltweit wirksame cartesianische Egozentrik in ihrer Vielschichtigkeit ihr Gesicht; das abendländische Ego fordert immer noch überall in Unerbittlichkeit seinen Tribut.

– Fundamentalistisch war lange Zeit auch die Monopolisierung der Rationalität und der Wissenschaftlichkeit durch Naturwissenschaft und Technik, die erst durch die Rückgewinnung eines umfassenderen Vernunftideals, durch die Suche nach ethischen Verhaltensregeln im Wissenschaftsprozeß, aber auch durch die Entdeckung der Weisheit als des legitimen Gegenübers zur praxisorientierten Rationalität gemildert erscheint, vielleicht am Ende auch wirklich überwunden wird.

– Die Wirkung einer instrumentellen Modernen, die wesentlich das Gefälle zwischen der nördlichen und südlichen Hemisphere ökonomisch mitbestimmt und zu den heute weltweit beklagten ökologischen Kollapserscheinungen geführt hat, ist ein weiteres, hier zu nennendes Moment.

Die Entdeckung des Unterschiedes zwischen religiösen und politischen Formen des Fundamentalismus macht im übrigen darauf aufmerksam, daß das Phänomen heute auf eine umfassende indiduelle wie gesellschaftliche Problematik abhebt, die im *„inter-“* von Internationalität, Interkulturalität und Interreligiosität nach ihrer Lösung ruft. Dieser ist der Vorzug zu geben gegenüber den Versuchen, das Phänomen durch distinguierende Eingrenzungen auf marginale Erscheinungsformen religiösen wie gesellschaftlichen Lebens in den Griff zu bekommen. Es kommt nämlich hinzu, daß die Beobachtung falscher und willkürlicher Grenzziehungen übersehen macht, wiesehr viele Zeitgenossen tatsächlich nach unangreifbaren Fundamenten ihrer Lebensgestaltung rufen. „Fundamentalismus“ schließt stets den Ruf nach Fundamenten ein. Wie aber ist angesichts der Fundamentalismen mit dieser Frage umzugehen?

Ehe daß wir uns dieser Frage zuwenden, soll zunächst die Gegenposition skizziert werden, die wir im Extrem als Synkretismus beschreiben wollen.

2. Synkretismus

a) Der Begriff

In dem Buch *Kirche: Charisma und Macht* von Leonardo Boff findet sich ein „Plädoyer für den Synkretismus". Es belegt, daß auch bei diesem Begriff die Abschätzungen nicht einheitlich sind. Schon die Ableitung dieses lange Zeit eher negativ besetzten Begriffs ist uneinheitlich. Im Vordergrund stehen zwei Versuche:

– Nach Plutarch verweist der Begriff auf das Verhalten der Kreter, die sich, obwohl untereinander zerstritten, zusammenschlossen, um gegen gemeinsame Feinde von außen gewappnet zu sein und sie bekämpfen zu können.

– Im 17. Jahrhundert versuchte man es dann mit einer Ableitung aus dem im klassischen Griechisch allerdings nicht belegten Verbum *syn-kerannymi* = mischen, vermischen, vermengen. Damit bekam der Begriff einen deutlich negativen Beiklang, der vor allem auf Verschmelzungen von ursprünglich nicht zusammengehörigen, vor allem weltanschaulich-religiösen Lehren und Gedankensystemen angewendet wurde.

Interessanterweise stellt Karl Hoheisel auch für diesen Begriff fest, daß er sich in den christlichen Theologien zu einem „Kampfbegriff" gegen den Gedanken entwickelte, Religionen seien grundsätzlich ein und dasselbe und deswegen beliebig austauschbar. Diesen

Standpunkt machte sich die Religionswissenschaft nicht zu eigen. Sie stellte vielmehr wertneutral fest, daß es zu allen Zeiten Vermengungen und Gleichsetzungen zwischen verschiedenen religiösen Systemen und Symbolen gegeben hat. Sodann gibt es nach ihren Kenntnissen auch keine positive Religion, die nicht Elemente fremder Traditionen in ihren Dienst gestellt und somit verwendet hätte.

Die Frage, die sich auch hier stellt, ist, ob man besser daran tut, den Begriff eingeschränkt auf historisch eingegrenzte Phänomene wie die Verschmelzung von orientalischen Religionen mit den griechisch-römischen im Zeitalter des Hellenismus zu verwenden, oder ob man ihn nicht auch im heutigen Erfahrungsfeld eines religiösen Pluralismus einsetzen soll. Da die historischen Phänomene, die ursprünglich mit ihm bezeichnet wurden, einen größeren Abstand zur Gegenwart besitzen, ist der emotionale Unterton verhaltener, läßt sich der Facettenreichtum eines möglichen Synkretismus nüchterner analysieren.

b) Annäherungen

Religionsgeschichtlich und soziologisch lassen sich eine Mehrzahl möglicher Symbiosen oder Synthesen zwischen Religionen und religiösen Feldern aufzeigen, die es alle mit dem zu tun haben, was vielleicht nicht sehr präzise, aber doch annähernd als Synkretismus bezeichnet wird. Die von L. Boff in seinem *Plädoyer* vorgegebenen Stichworte können hier – von mir nur anders gefüllt – Wegweiser sein:

– *Addition:* In Brasilien ist es heutzutage nicht ungewöhnlich, daß Menschen nacheinander am katholischen Gottesdienst teilnehmen, zu den Spiritisten gehen oder/und zu einem der afro-brasilianischen Kulte. Die

Kultformen stehen dabei eher additiv und diffus nebeneinander, ohne daß es zu einer neuen Gestalt religiöser Identität käme, die sich durch keine der drei genannten Faktoren bestimmen ließe. Ähnliches läßt sich im Hinblick auf das Nebeneinander von shintoistischen und buddhistischen Kultformen in Japan zeigen, wo es im übrigen nicht ungewöhnlich ist, sich mehrfach religiös registrieren zu lassen. Die Frage religiöser Doppelmitgliedschaften ist im übrigen seit der Verbreitung der neureligiösen Bewegungen auch bei uns nicht unbekannt.

– *Anpassung:* Nicht ungewöhnlich ist in der Geschichte die Übernahme der Religion der Sieger durch die Besiegten gewesen. Sie spielt für den Bereich des Christentums keine geringe Rolle in den Auseinandersetzungen um die europäische Kolonial- und Missionspolitik, soweit diese gleichsam von außen beurteilt wird. Sie läßt sich aber auch nicht übersehen, wo heute die Grenzen zwischen legitimer Übertragung und Inkulturation einerseits und einem Eintauchen in die fremde Kultur unter Aufgabe der eigenen Identität andererseits bedacht werden. Das klassische Beispiel bleibt der chinesische Ritenstreit. Nicht ohne Grund wird heute die Frage wechselseitiger Konversionen diskutiert.

– *Vermischung:* Die Erfahrung der Hilflosigkeit gegenüber dem fast chaotischen Nebeneinander und Durcheinander von Göttergestalten unterschiedlichster Herkunft ist jedem bekannt, der sich auf das Göttergemisch des antiken mediterranen Raumes, aber auch Indiens oder des asiatischen Festlands bis Fernost einläßt. Es geht aber nicht nur um Phänomene der Vergangenheit. Vermischungen aufgrund von eklektischem Verfahren, das dem einzelnen erlaubt, im Sinne des Bergerschen „Häresie"-Verständnisses – *„Zwang zur Häresie"* – aus verschiedenen Religionen das ihm Gemäße auszuwählen, sind heute auch in unserer Landschaft zusehends verbreitet. Sie führen dazu, daß das Unverdauliche und Unverständliche der Religionen ausgeschieden wird und dennoch der Mensch am Ende nicht einfachhin als der Unreligiöse dasteht. Synkretismus dieser Art hat auf jeden Fall die Tendenz zur Auflösung und Ablösung der bekannten religiösen Systeme in ihrer Identität. Ängste dieser Art gibt es innerhalb des Christentums auch im ökumenischen Austausch. Die zurückhaltende Einstellung der katholischen Kirche zur Interkommunion müßte entschiedener auch unter dieser Rücksicht besprochen werden.

– *Harmonisierung:* Wo das Konstrukt einer Welt-Einheitsreligion als Synthese aus den Gemeinsamkeiten der verschiedenen Religionen der Welt versucht wird, kommt es ebenfalls zum Verlust der Identität des je Eigenen. In diesem Zusammenhang nennt Franz Xaver Kaufmann die Schriften Fritjof Capras den symptomatischen Ausdruck eines „neuen Synkretismus", der „Natur- und Geisteswissenschaft, Ost und West, Welt und Psyche zu einer Einheit zusammenzudenken sucht". Theologisch müßten gegen die Versuche, eine Esperanto-Religion zu schaffen, heute deutlicher die genuin theologischen Momente, d. h. jene, die den sich offenbarenden und „zur Sprache kommenden" Gott betreffen, betont werden.

– *Übersetzung:* Synkretismus ist eher der falsche Begriff, wo es im Laufe von Übersetzungsprozessen zur Anwendung auch religiös ursprünglich anders besetzter Termini kommt. Wie schwierig diese Prozesse sind, ist aus der Geschichte des Christentums mit den Religionen Indiens, aber auch Chinas und Japans bekannt. Man denke beispielsweise nur an die Übersetzung von „Inkarnation" durch das indische *avatara,* wobei die Einzigartigkeit der Inkarnation Gottes in Jesus Christus nur durch sehr schwierige Zusatzerklärungen verständlich zu machen ist. Erwähnenswert ist auch das Ringen um den richtigen Gottesbegriff in Japan. Es ist einmal aus der Biographie des Franz Xaver belegt. Sodann dürfte es aber auch einmalig sein, daß eine Bischofskonferenz sich auf einen Gott-Terminus einigen mußte. Nach dem 2. Weltkrieg hat aber die japanische Bischofskonferenz nach langen Beratungen für die Verwendung des aus dem Shinto geläufigen Begriff *kami* votiert, nachdem lange Jahre allein der aus dem Chinesischen stammende Begriff *tenshu* = Himmelsherr gebraucht wurde. Das alles hat aber wenig mit Synkretismus zu tun. Synkretismus im Sinne von Identitätsverlust oder Identitätsgefährdung kann zwar die Konsequenz eines mißlungenen Übersetzungsvorgangs sein, er ist jedoch auf keinen Fall das Ziel von Übersetzungen.

– *Einschmelzung:* In einer gewissen Nähe zu den Übersetzungsprozessen sind auch die Vorgänge zu sehen, die im Laufe der Geschichte in allen Religionen zu Wandlungen geführt haben. Dazu gehören die Lehrentwicklungen, mehr aber noch die Wandlungen im rituell-kultischen Bereich. Gerade die kritischen Äußerungen zur Entwicklung der katholischen Kirche nach dem 2. Vatikanischen Konzil zeigen überaus deutlich, wie sensibel der gottesdienstliche Bereich ist. Das auffallend zögerliche Verhalten der Kirche in der Diskussion um die Zulassung von verheirateten Männern und Frauen zum Amt haben es nicht unwesentlich mit diesem Gesichtspunkt zu tun. Auch hier aber gilt: Die Prozesse selbst haben es in der Regel nicht mit Synkretismus zu tun. Wohl geht es auch an dieser Stelle um die Frage neuer Symbiosen, Synthesen und Symbole, die sich immer dann nachdrücklich stellt, wenn eine Vielzahl von Faktoren in Korrespondenz zueinander gebracht wird.

c) „Anything goes"?

Wenn aber der Fundamentalismus über den Bereich des Religiösen hinaus Bedeutsamkeit erlangt hat, stellt sich zumindest die Frage, ob nicht das im Phänomen des Synkretismus für den religiösen Bereich Besprochene auch im weiteren Bereich gesellschaftlichen und politischen Lebens seine Ausstrahlung hat. Von Paul Feyerabend ist der kleine Satz *„Anything goes"* – von ihm selbst übersetzt: „Mach, was du willst" – als neuer Grundsatz ins Gespräch gebracht worden. Er bezieht sich zunächst auf den Bereich wissenschaftlicher Methodenbildung, steht aber dann in der Tat gegen die verschiedenen Gestalten dessen, was sich heute unter dem Stichwort „Fundamentalismus" wiederfindet:

> Wer sich dem reichen, von der Geschichte gelieferten Material zuwendet und es nicht darauf abgesehen hat, es zu verdünnen, um seine niedrigen Instinkte zu befriedigen, nämlich die Sucht nach geistiger Sicherheit in Form von Klarheit, Präzision, „Objektivität", „Wahrheit", der wird einsehen, daß es nur einen Grundsatz gibt, der sich unter allen Stadien der menschlichen Entwicklung vertreten läßt. Es ist der Grundsatz: Anything goes.

Gegen die Kritik an diesem „Grundsatz" oder – wie er es auch nennt – „Schlagwort" hat Feyerabend für sich selbst die Möglichkeit zurückgewiesen, den Grundsatz zu vertreten und zur Basis des Denkens zu machen. Er möchte vielmehr „bloß das Schicksal eines Liebhabers von Prinzipien" beschreiben, der die Geschichte beschreibt und dem dann das *„anything goes"* als einziges Prinzip bleibt.

Nun haben es Schlagworte – bei allem Respekt vor ihren Erfindern, der zumindest wissenschaftlich die Subtilität einer genauen Herkunfts- und Verständnisbeschreibung erforderlich macht, – an sich, daß sie sich in der alltäglichen Verwendung sehr wenig um solche Subtilitäten kümmern und unabhängig von allen Einschränkungen und Unterscheidungen ihr Eigenleben entwikkeln. *„Anything goes“*, „alles geht“, „mach, was du willst“, – das ergibt in sich selbst einen Sinn, mit dem es sich leben läßt und vielfach auch gelebt wird, ohne daß den Einschränkungen des Erfinders Rechnung getragen wird. Jedenfalls ist der neu gewonnene Sinn dann kaum das Ergebnis historischer Forschung und Erfahrung. Philosophie, die – zunächst scheinbar faktengerecht und sachgetreu – am Ende aber doch in der „Liebe zu Prinzipien“ resignativ *„Anything goes“* sagt, muß sich den Vorwurf gefallen lassen, daß sie von verantwortlichem Handeln wenig vermittelt und gesellschaftspolitisch destruktiv wirkt. Der von Herbert Marcuse beschworene, zwischenzeitlich fast vergessene *eindimensionale Mensch,* der die „Absperrung des Universums der Rede“ erlebt, läßt ebenso grüßen wie Alexis de Tocqueville, dessen Vision der Gefährdung der Demokratie aus den Jahren 1835–40 nicht ohne Grund heute seine *relecture* erfährt.

Zwei Dinge kommen im *„Anything goes“* zusammen: *Erstens* zerstört der Grundsatz letztendlich jede wahre Kommunikation. *Zweitens* entlarvt sich die Denunzierung des Wahrheitsinteresses als „Sucht“ dadurch als radikale Fehlorientierung, daß sie den Verlust des Wertbewußtseins und damit die unverhüllte Wiederkehr des Bösen nach sich zieht. Letzteres gehört zu den für viele unbegreiflichen und zugleich ernüchternden Erfahrungen der Zeit nach der Wende.

– *Eindimensionalität:* Wo das *„Anything goes“* regiert, bleibt es nicht bei der geschichtlichen Erfahrung, sondern kommt es in der Gegenwärtigkeit zur Herrschaft der Mächtigen und des „Man“, das sich in anonymen Apparaten verbirgt. Was sonst als die Herrschaft des Ellbogens sollte noch zählen? Die Aporien der Beliebigkeit und des Faktischen liegen auf der Hand. Marcuse hat sie an den Erfahrungen mit der Werbeindustrie in Erinnerung gebracht:

Sprechen und Schreiben sind um „gezielte Schlagzeilen" und „publikumswirksame Sätze" gruppiert, die das Image übermitteln.

Die Sätze nehmen die Form suggestiver Befehle an – sie sind eher evokativ als demonstrativ. Die Aussage wird zur Vorschrift; die gesamte Kommunikation hat einen hypnotischen Charakter und gleichzeitig einen Anstrich von falscher Vertraulichkeit – das Ergebnis beständiger Wiederholung und geschickt gelenkter, ans Volk gerichteter Unmittelbarkeit der Kommunikation.

Diese Sprache gibt sich überhaupt zu keiner „Rede" mehr her. Sie spricht Tatsachen aus und setzt Tatsachen ein aufgrund der Macht des Apparats – sie ist Kundgebung, die sich selbst für gültig erklärt.

Der Verlust der Rede in der Sprache führt aber in die Eindimensionalität, die die Geschichte nicht mehr zur Verheißung werden läßt.

– *„Gefährliche Einsichten":* In diesem Zusammenhang spricht Marcuse von den „subversiven Inhalten des Gedächtnisses", die in der Wiedergewinnung der geschichtlichen Dimension die Eindimensionalität insofern abwehren, als sie die in der menschlichen Geschichte vorhandenen Schrecken und Hoffnungen nicht ausblenden:

Die Erinnerung an die Vergangenheit kann gefährliche Einsichten aufkommen lassen, und die etablierte Gesellschaft scheint die subversiven Inhalte des Gedächtnisses zu fürchten. Das Erinnern ist eine Weise, sich von den gegebenen Tatsachen abzulösen, eine Weise der „Vermittlung", die für kurze Augenblicke die allgegenwärtige Macht der gegebenen Tatsachen durchbricht. Das Gedächtnis ruft vergangene Schrecken wie vergangene Hoffnungen in die Erinnerung zurück. Beide werden wieder lebendig, aber während jener in der Wirklichkeit in stets neuen Formen wiederkehrt, bleibt diese eine Hoffnung.

Freilich reicht es heute nicht aus, die reine Wiederkehr der Schrecken zu konstatieren. Sie bedürfen der ausdrücklichen Benennung als der Erfahrung des Bösen, des Leidens wie der Boshaftigkeit und Brutalität. Der Verlust der ethischen Dimension durch deren zeitweilige Abtrennung von einer für wertfrei erklärten Wissenschaft, die gleichzeitige Einebnung der Grenze von Gut und Böse in einem technisch rechten oder falschen Verhalten, damit die Ersetzung verantwortlichen Handelns durch funktionale, vielfach technisch gesteuerte Vollzüge signalisieren einen hohen Grad von verlorener Humanität. Der Mensch kann sie im Grunde nur wiedergewinnen, wenn er alle ihm zur Verfügung stehenden Kräfte in Freiheit und Verantwortung einsetzt und sich zugleich zugunsten aller, die mit ihm leben, leben wollen, aber auch gelebt haben, öffnet für das, was jenseits seiner selbst ist und sein kann. Nur in der Öffnung seiner selbst wird die Freiheit, die dem Menschen geschenkt ist und ihm zugleich eine immer neue Einstellung – religiös gesprochen: Reue und Bekehrung – ermöglicht, zum Geschenk möglicher Gnade.

3. Medium und Botschaft

a) Zwischenbilanz

Der heutige Mensch sieht sich in vielfacher Hinsicht aufgerufen, zwischen zahlreichen Möglichkeiten kurz- wie langfristig bedeutsamer Lebenshilfen, aber dann auch umfassender Lebenswege und -ziele zu entscheiden. Allerdings nimmt in vielen Fällen die schon durch die Werbung vermittelte Suggestion, sich in der Gesellschaft der großen Masse, die aufgrund ihrer Zahl bereits im Recht ist, die Entscheidung ab. Entscheidungen erübrigen sich aber auch dann, wenn es wirklich wahr ist, daß *„anything goes"*. Das Schwimmen mit den Vielen bzw. das In-den-Tag-hinein-Leben, ohne sich letztlich engagieren zu müssen, ist die eine große Erfahrung, die viele Menschen heute machen. Dennoch befriedigt ein solches Leben höchstens vorübergehend, weil es im Grunde nicht menschenwürdig ist.

Zum menschlichen Leben gehört es, Bescheid zu wissen und auf der Basis seiner Erkenntnis sein Leben zu gestalten. Eine solche Basis gibt Sicherheit. Der Ruf nach Sicherheiten und Gewißheiten ist entsprechend nicht auszurotten. Wer aber „Sicherheit" und „Gewißheit" sagt, sagt zugleich „Fundamente". Wir sind folglich wieder bei der Suche nach „Fundamenten", – eine Suche, die – wie zuvor gezeigt – in den unterschiedlichsten Bereichen erfolgt: in materiellem Wohlstand, in wirtschaftlichen und sozialen Sicherungen, in Wissenschaft und Kultur, in Politik und Religion.

Wo die Bindung an die Fundamente ideologische Züge annimmt und in den Fundamentalismus führt, erleben wir diesen im Extrem in negativer Gestalt: in autoritärer Kommunikationsverweigerung und blindem Gehorsam, in totalitären Umgangsformen und Ghettobildungen sowie mit starken sozialen Kontrollen. Da diese Verhaltensmuster dem abendländischen Denken der Neuzeit gerade auch in ihren weltweiten Auswirkungen diametral entgegenlaufen, haben sie, obwohl sie sich auf dem Boden der Moderne entwickeln, einen antimodernen Akzent. Gegen die Prozesse der Auflösung und Beliebigkeit, die den negativen Hintergrund des Pluralismus bilden, versprechen sie Sammlung und neue Verwurzelung in einem, ihrem Ordnungsgefüge.

Beide Extreme enden in der Auflösung wahrer Kommunikation. Die Welt ist aber in der Tat nicht im Gegeneinander, sondern nur im Miteinander der Vielen zu retten. Daher muß auch die Lösung in der Wiederherstellung wahrer Kommunikation zwischen den Vielen um des einen gemeinsamen Schicksals willen gesucht werden. Das setzt voraus, daß die Einheit des Ganzen im Blick bleibt und, wo dieser Blick verlorenzugehen droht, er in Verantwortung wiederhergestellt wird. Nur so wird das Zerrinnen in Vielheit nicht zum Verlust, sondern die Vielheit selbst zur Bereicherung. Die Spannung von Einheit und Vielheit kann nicht zugunsten einer Seite aufgehoben werden.

b) „The medium is the message"

Der Ansatzpunkt zur Lösung des Dilemmas zwischen Fundamentalismus und Synkretismus, falscher Sicherheit und reinem *„Floating"*, muß also in einer Kommunikation gesucht werden, die verantwortliches Handeln ermöglicht. An dieser Stelle bietet es sich an, noch einmal bei der von Marcuse diagnostizierten Eindimensionalität anzusetzen und sie ausdrücklich als Ergebnis heutigen Medienverhaltens zu bedenken. In den Medien erscheint das Medium tatsächlich so allgegenwärtig und allmächtig, daß Marcuse seinerseits bereits von der „Absperrung des Universums der Rede", das heißt: von der Verhinderung wahrer Kommunikation sprechen mußte. Inzwischen ist aus dem Satz des kanadischen Medientheoretikers Marshall McLuhan *„The medium ist the message"* selbst schon wieder ein Schlagwort geworden. Für ihn nimmt das Medium selbst die Stelle der Botschaft ein: Es ist die Botschaft.

Diese Situation hat es aber nach Eugen Biser weniger mit der Macht der Medien als mit der Ohnmacht der

Medienverwender zu tun, die sich der Medien wie einer Droge bedienen. Tatsächlich laufen viele Hörfunk- und Sehfunkapparate unabhängig von dem, was sie übermitteln, einfach als notwendige Geräusch- und Bildkulisse im Hintergrund alltäglichen Lebens. Lebensgefährlich wird dann nicht das Fehlen der Inhalte, sondern die Leere, die entsteht, wenn es nichts mehr zu sehen und zu hören gibt. Kritische Beobachter des Phänomens sprechen denn auch inzwischen vom Verschwinden der Wirklichkeit im Bewußtsein vieler Zeitgenossen. Diese fragen nicht mehr die letzten Fragen, weigern sich, in ihrem Denken bis an die diesem gezogegenen Grenzen, bis an die Grenze des Denkbaren zu gehen. Dafür werden sie in ihrer inneren Entleerung gefährlich anfällig für vielerlei Manipulationen und Infiltrationen. Die Ambivalenz von Sinnentleerung und irrlichternden Sinnerfüllungen wird für Sehende wieder voll greifbar, wie auch die apokalyptische Stunde falscher Propheten und Messiasse, – man kann auch wiederholen: die Stunde der Wiederkehr des Bösen erkennbar ist.

c) „Das Medium ist die Botschaft!“

Gegen die „fundamentalistische Versuchung“ hat Jürgen Werbick dem zitierten McLuhanschen Satz eine neue Füllung aus theologischer Sicht zu geben versucht, indem er das neuzeitliche Verständnis des sich selbst dem Menschen offenbarenden Gottes als dramatischen Kommunikationsprozeß auslegt. Seine These lautet:

> Christlicher Gottesglaube versteht das Ringen um Einsicht im Letzten als Gottes Ringen mit dem Menschen; als ein Ringen, in welchem Gott sich dem Widerstrebenden schenken, ihn auf sich hin – und damit für die Wahrheit – öffnen will: Der sich kommunizierende Gott ist der den widerstrebenden Men-

schen zur Vernunft bringen wollende, zu sich und zur Wahrheit ziehende Gott.

Das „Medium“, in dem diese Kommunikation Gottes mit dem Menschen geschieht, ist nach dem christlichen Glauben niemand anderer als der Mensch Jesus Christus (vgl. 1 Tim 2, 5 f). Davon muß in der abschließenden Überlegung ausführlicher gesprochen werden. Zwei Dinge seien aber im Übergang dahin hier bereits angefügt:

– *Füllung des Mediums:* Es bedarf gewiß keiner ausführlicheren Erläuterung, wie in diesem theologischen Verständnis der Satz „Das Medium ist die Botschaft“ eine neue Eindeutigkeit und Füllung erfährt. Denn es macht schließlich einen wesentlichen Unterschied, ob die Botschaft in die Ebene reiner Medialität eingeebnet und vergleichgültigt wird oder ob das Medium in einzigartiger Weise der Versachlichung enthoben und personalisiert wird, ein Antlitz erhält und sich damit dann gar die Botschaft verbindet: Hier ereignet sich die den Menschen von ihm selbst zu sich selbst befreiende Kommunikation mit dem, der in seinem Da-Sein die Ermöglichung dieser befreienden Kommunikation ist. Dieser Ermöglichungsgrund ist im Gespräch, also im Zwischen der an der Kommunikation beteiligten Partner anwesend. Doch er ist nicht noch einmal der Mensch, sondern der, den der Mensch stammelnd „nicht Mensch“, „Gott“ ruft.

– *Leere als Fülle:* Nicht nur das Medium wird als solches zur Botschaft, zum Wort in Person, sondern auch die Ambivalenz der Leere wird aufgehoben. Am Ende unserer Überlegung tauchte die innere Entleerung vieler Zeitgenossen auf, die die Ambivalenz von Sinnentleerung und irrlichternden Sinnfüllungen in sich birgt. Auch der Blick auf die asiatischen Alternativen endete bei der Rede von der „Leere" (skt. *shunyata).* In der Entfaltung ihrer radikalen Offenheit wird sie heute zum Hinweis auf die paulinische Rede von der *kenosis* Gottes, jener SelbstEntäußerung, die vom Anfang der Schöpfung her bis in die Menschwerdung Gottes in Jesus Christus und dessen Tod hinein zum Ausdruck einer sich endlos verschenkenden und verströmenden Liebe geworden ist.

Damit führen die Beschäftigung mit den Einflüssen unserer Zeit und mit den menschlichen Verhaltensweisen in religiöser und nicht-religiöser Existenz zu der Eingangsfrage zurück: Christentum im Pluralismus der Zeit – welche Chance bleibt ihm? Wir können aber auch andersherum fragen: Was verheißt uns das Christentum im Pluralismus der Zeit?

Literaturhinweise

W. Beinert (Hrsg.), „Katholischer" Fundamentalismus. Häretische Gruppen in der Kirche?, Regensburg 1991.

E. Biser, Religiöse Sprachbarrieren. Aufbau einer Logaporetik, München 1980.

Ders., Die glaubensgeschichtliche Wende. Eine theologische Positionsbestimmung, Graz 1986.

Ders., Glaubensprognose. Orientierung in postsäkularistischer Zeit, Graz 1991.

P. L. Berger, Der Zwang zur Häresie. Religion in der pluralistischen Gesellschaft, Frankfurt 1979.

L. Boff, Kirche: Charisma und Macht. Studien zu einer streitbaren Ekklesiologie, Düsseldorf 1985.

P. K. Feyerabend, Wider den Methodenzwang, Rev. Fass., Frankfurt 1985.

K. Hoheisel, Synkretismus, in: H. Waldenfels (Hrsg.), Lexikon der Religionen. Phänomene – Geschichte – Ideen. Freiburg ^{2}1988; TB 1992, 626–628.

F.-X. Kaufmann, Religion und Modernität. Sozialwissenschaftliche Perspektiven, Tübingen 1989.

K. Kienzler (Hrsg.), Der neue Fundamentalismus. Rettung oder Gefahr für Gesellschaft und Religion?, Düsseldorf 1990.

H. Kochanek (Hrsg.), Die verdrängte Freiheit. Fundamentalismus in den Kirchen, Freiburg 1991.

M. McLuhan, Die magischen Kanäle, Frankfurt - Hamburg 1970.

Th. Meyer (Hrsg.), Fundamentalismus in der modernen Welt. Die Internationale der Unvernunft, Frankfurt 1989.

H. Marcuse, Der eindimensionale Mensch. Studien zur Ideologie der fortgeschrittenen Industriegesellschaft, Neuwied - Berlin 1967.

A. de Tocqueville, Über die Demokratie in Amerika, München [2]1984.

H. Waldenfels, An der Grenze des Denkbaren. Meditation – Ost und West, München 1988.

J. Werbick (Hrsg.), Offenbarungsanspruch und fundamentalistische Versuchung, Freiburg 1991.

VIII

Von der Faszination des Christentums

Einstieg

1982 habe ich ein Buch mit dem Titel *„Faszination des Buddhismus"* veröffentlicht. Seitdem bin ich des öfteren gefragt worden, ob ein christlicher Theologe, der ein solches Buch schreibe, nicht auch ein Buch mit dem Titel *„Faszination des Christentums"* schuldig sei. Oder fasziniert am Ende der Buddhismus mehr als das Christentum? Hat sich vielleicht gar eine innere Konversion zum Buddhismus vollzogen?

Nun steht jeder, der sich mit den vielfältigen Angeboten unserer Zeit auseinandersetzt und das nicht von vornherein kritisch-abwehrend tut, notwendigerweise vor solchen Fragen. Das ist auch der Fall, wenn wir dem Dialog wirklich einen Raum eröffnen, in dem der Andere und Fremde als solcher ernstgenommen und nicht von vornherein vereinnahmt wird.

Beides, die Beschäftigung mit dem Pluralismus der Zeit und die Haltung eines kritisch-offenen, lernwilligen und zugleich teilgebenden Dialogs, war Thema unserer Überlegungen. Die vielen Facetten dieser Umschau sind hier nicht noch einmal abschließend in den Blick zu nehmen. Der konstante Blick auf die Welt in ihrer Vielgesichtigkeit und Vielgestaltigkeit macht es aber erforderlich, daß wir am Ende erneut vom Christentum sprechen und sagen, was uns in ihm hält, was uns „begeistert" und „fasziniert". Nur so leisten wir das, was in 1 Petr 3,15 von Christen gefordert ist, nämlich Rechenschaft zu geben über die Hoffnung, die in uns ist, überall da, wo jemand danach fragt.

Aus dem bisherigen Gedankengang ergeben sich eine Reihe von Beobachtungen, die für den weiteren Weg, den wir einschlagen müssen, bedeutsam sind:

1. Das Christentum ist von Anfang an ein *Weg*, höchstens nachträglich auch ein System. Wege aber entstehen, wenn Menschen sie begehen. Sind sie entstanden, sind sie dazu da, daß Menschen sie gehen. Wege können auch verschwinden, wenn sie nicht mehr begangen werden. Menschlich gilt das auch für das Christentum. Wenn wir aber das Christentum als Weg verstehen, bietet es sich an, den Begriff „Christentum" durch den Begriff *Christsein* (H. Küng) zu ersetzen. Denn es ist das gelebte Christsein der Menschen, das für das Christentum zum Ausdruck der Verheißung auch in die Zukunft hinein wird. Von Menschen muß also die Rede sein, wenn vom Christentum und seiner Faszination gesprochen werden soll.

2. Menschen sind – in den Worten von Edward Schillebeeckx – die „Geschichte von Gott". Doch erzählt, wer von Menschen spricht, zunächst Menschengeschichten. Jeder Mensch, der seinen Lebensweg bewußt geht, kann auch selbst seine Geschichte und andere Geschichten erzählen. Vielleicht hat die christliche Theologie zu lange die Geschichten, die sich hinter den christlichen Existenzen und Biographien verbergen, zu Begriffen gerinnen lassen. Sie hat an diese Begriffe erinnert und diese geklärt, anstatt sie wieder zu Geschichten werden zu lassen. Doch nicht die Begriffe sind in Erinnerung zu bringen, sondern die *Geschichte des Christseins* selbst.

3. Letztlich ist das so, weil das Christsein selbst nicht einer menschlichen Idee entsprungen ist, sondern eindeutig mit einer Menschengeschichte beginnt: mit der *Geschichte des Jesus von Nazaret,* die dann allerdings –

wie Edward Schillebeeckx es mit seinem Jesus-Buch gewollt hat – als die „Geschichte von einem Lebenden" zu erzählen ist.

Schillebeeckx selbst hat am Anfang des Jesus-Buches an die Geschichte von dem Krüppel erinnert, der nach der Apostelgeschichte 4,10–12 von Petrus „im Namen Jesu Christi" geheilt wurde. Am Ende zitiert er dann die von Martin Buber berichtete Geschichte eines Rabbi Baalschem:

Mein Großvater war gelähmt. Einst bat man ihn, eine Geschichte von seinem Lehrer – dem großen Baalschem – zu erzählen. Da erzählte er, wie der heilige Baalschem beim Beten gewohnt war, zu springen und zu tanzen. Mein Großvater stand auf und erzählte; die Geschichte riß ihn so mit, daß er springend und tanzend zeigen mußte, wie der Meister es getan hatte. Von diesem Augenblick an war er geheilt. So muß man Geschichten erzählen.

Schillebeeckx schließt sein Buch mit den Worten:

Sollte dieses Buch „Die Geschichte von einem Lebenden" eine begründete Einleitung zu einer Wiederaufnahme des „erzählenden Glaubens" sein, mit praktisch-kritischem Effekt, aus dem betenden Verweilen in der Welt des Reiches Gottes und seiner entsprechenden Praxis, dann preise ich mich glücklich. Sollte das nicht der Fall sein, dann mag meinethalben dieses Buch morgen schon auf die Liste des modernen Antiquariats kommen.

Wenn von der Faszination des Christlichen die Rede sein soll, gehören folglich zusammen: die Eingangsgeschichte – das „betende Verweilen in der Welt des Reiches Gottes" –, die Nachfolgegeschichte – die „entsprechende Praxis" – und unsere eigene Gegenwartsgeschichte – mit der „Wiederaufnahme des ‚erzählenden Glaubens' mit praktisch-kritischem Effekt". An allen drei Zeiten dieser Geschichte sind wir beteiligt. Denn in der Gegenwart stehen wir noch immer im Zeichen der Verheißung des Anfangs, aber dann auch unter dem Segen, der fortwirkt, und der Last, die Menschengeschichten in ihren hellen und dunklen Zügen mit sich bringen. Die Geschichte ist und bleibt Gabe und Aufgabe. In unseren eigenen Tagen drängt sich die Geschichte freilich eher als schwere Last und Aufgabe, weniger als Geschenk und Gabe auf. Dennoch kann man der Geschichte nicht ausweichen in die Welt reiner Ideen.

1. Eingangsgeschichte

a) Erinnerung

Wo es um Geschichte geht, ist die Erinnerung gefordert, nicht zunächst das Denken. Unter dem Eindruck, daß Ereignisse wie Auschwitz zu schnell vergessen und verdrängt werden, hat Johann B. Metz – gegen ein „ideengeleitetes Denken" – den Primat eines „erinnerungsgeleiteten Denkens" gesetzt und im Zusammenhang damit eine anamnetische Kultur gefordert (vgl. Kapitel 4). Dieser Gedanke ist dem Christentum nicht fremd, wenn wir nur an das zentrale Verständnis der Eucharistiefeier denken, „Gedächtnis des Todes und der Auferstehung Jesu" zu sein. Doch in der Diastase von Frömmigkeit und Denken ist dieser Gedanke unter dem Einfluß philosophisch-systematischen Ordnungsdenkens weithin verdrängt worden. Das wiederum hat damit zu tun, daß nur der geschichtsunabhängige und -umgreifende Begriff Universalität zu verheißen schien.

In der Tat spiegelt die von Metz angesprochene Thematik das Spannungsverhältnis zwischen Geschichte und Universalität, Ereignis und allgemeingültiger Bedeutung, Geschehen und Wahrheit wieder. Der Überhang des Allgemeingültigen und Universalen über dem

Geschichtlich-Zufälligen hat bis in die Zeit des Deutschen Idealismus immer wieder seinen Ausdruck gefunden. Wir nennen nur zwei Beispiele aus dieser Zeit:

– Bei Gotthold Ephraim Lessing findet sich in seiner Schrift *Über den Beweis des Geistes und der Kraft* der Satz:

> Zufällige Geschichtswahrheiten können der Beweis von notwendigen Vernunftwahrheiten nie werden.

Es ist aber das Interesse des Christentums, die Botschaft des Jesus von Nazaret als universale Heilsbotschaft zu vermitteln. Die Frage begleitet uns bis in unsere Zeit: Wie erhält das Leben eines einzelnen Menschen universale Bedeutsamkeit?

– Im Umkreis Hegelschen Denkens entstand dann die Rede vom *Absolutheitsanspruch des Christentums.* Hegel selbst war bemüht, in seinem Systemdenken das vernünftige Denken mit dem geschichtlichen Prozeß ineinszusetzen. Konkret besagte das für seine Zeit und seinen Ort, daß der preussische Staat und die evangelische Gestalt des Christentums die Kulmination einer vernünftigen Geschichte darstellten. Es bedarf keiner weiteren Erörterung, wie realitätsfremd dieses Denken am Ende war. Dennoch hat es das Denken der christlichen Theologie eine Zeitlang geprägt. Wenn Karl Rahner in seinem *Grundkurs des Glaubens* im Untertitel bemerkt, daß es ihm um die Einführung in den „Begriff" des Christentums geht, dann wird hier eine ähnliche Denkfigur wie bei Hegel sichtbar: Es soll der Versuch gemacht werden, die Geschichtlichkeit, d. h. die Zufälligkeit des Christlichen – das aber ist für den Ursprung die Jesusgestalt – auf den notwendigen Begriff zu bringen.

Es geht um diesen Punkt, wenn Metz im ideengeleiteten Denken der christlichen Theologie den Versuch erblickt, ihren universellen Anspruch zu sichern und modernitätsverträglich zu formulieren. Zu Recht fragt er sich, ob das wirklich gutgeht.

b) „Memoria Jesu"

Wer nicht zunächst bei der wissenschaftlichen Theologie, sondern bei der christlichen Frömmigkeit anfragt, wird dort sehr unvermittelt an die Gestalt Jesu verwiesen. Von der zentralen Stellung der *memoria Jesu,* des „Andenkens", der Erinnerung Jesu in der Hauptgestalt christlichen Gottesdienstes, der Eucharistie- oder Abendmahlsfeier, war schon die Rede. Die *memoria Jesu* steht aber auch im Mittelpunkt aller anderen Weisen christlicher Frömmigkeit. So konzentrieren sich z. B. die *Geistlichen Übungen* des hl.Ignatius von Loyola auf die „Geheimnisse des Lebens Jesu". Die Betrachtung der Stationen dieses Lebens beginnt – im Anschluß an die augustinische Lehre von den drei Seelenkräften – stets mit dem Einsatz der *memoria.* Diese *memoria* ist dann allerdings mehr als nur das Organ der Erinnerung und der Bewahrung des Vergangenen. Sie ist der Ort der Seele, an dem die Begegnung mit dem Leben Jesu im jeweiligen Hier und Heute zur Begegnung des Menschen mit Gott wird. Die *memoria* ist somit jenes Organ, das im Menschen die Wahrnehmung der in der jeweiligen Menschengeschichte sich ereignenden Begegnung mit Gott überhaupt erst ermöglicht.

Christlicherseits hat die Nähe von Gott und Mensch nirgends eine solche Dichte wie in der Gestalt Jesu. Der *Deus semper maior* erscheint in der Menschwerdung Jesu als der *Deus semper minor,* der die alttestamentliche Lehre von der Gottesbegegnung in den leisen, verborgenen, ja verkehrten Situationen menschlichen Lebens zur Vollendung bringt. Die Wahrnehmung Gottes in Ägypten, in Babylon, in der sündigen Menschheit, am Kreuz Jesu und von ihm aus in vielen Kreuzen und Todeszellen der Welt hält – bildlich gesprochen – den Himmel offen.

Zwei Beobachtungen unterstreichen die Bedeutsamkeit der Zuwendung zur Gestalt Jesu:

1. Auffallend war lange in der modernen Religionskritik wie auch in der außerkirchlichen Beschäftigung mit der Jesusgestalt, daß die Gestalt Jesu selten der Kritik unterworfen wurde. Auch wo die Göttlichkeit Jesu geleugnet wurde, wurde in Jesus von Nazaret doch weithin eine maßgebliche, exemplarische Menschengestalt gesehen, die nachzuahmen richtig erschien. Diese respektvolle Behandlung Jesu veranlaßte Josef Nolte „von einem unvermuteten Topos der ‚Schonung Jesu' in der neuzeitlichen Religionskritik" zu sprechen.

2. Dem widerspricht nicht die heute zunehmende Beobachtung, daß die Schonung Jesu in jüngster Zeit in der kritischen Literatur eher aufhört. So wird ihm entweder die wahre Menschlichkeit abgesprochen, weil er „nur" ein Mann ist, oder er wird als Mann in alle möglichen phantastischen Frauenbeziehungen verwickelt. Auf jeden Fall wird ihm das ideale Menschsein abgesprochen; zugleich verliert er seinen Vorbildcharakter. Dabei spiegeln die unterschiedlichen Jesusprojektionen vielfach nur die Ungeordnetheiten heutiger Menschenbilder wider, die sich mehr und mehr gemeinsamen Normkriterien entziehen. Wichtiger ist aber, daß die zunehmende Beschäftigung der Christentumskritik mit der Jesusgestalt zugleich beweist, daß in der radikalen Kritik an Jesus das Herz des Christentums getroffen werden soll.

c) Jesus von Nazaret

Die unterschiedlichen Blickweisen dürfen aber dann nicht von der Frage ablenken, wie Christen heute mit Jesus von Nazaret umgehen. Hier gibt es in der Tat innerhalb der Christenheit Wandlungsprozesse. So ist – von der Theologie her gesprochen – nicht zu übersehen, daß sich die Frage nach dem historischen Ausgangspunkt des christlichen Glaubens, d. h. die Frage nach dem historischen Jesus, im Laufe dieses Jahrhunderts immer mehr vor die Dogmatik bzw. die Geschichte der christlichen Lehrentwicklung geschoben hat. Damit hängt die andere Tatsache zusammen, daß die theologischen Titel Jesu relativiert werden und am Ende Wesensaussagen wie „wahrer Gott und wahrer Mensch" kritiklos als relativierbare Deutemomente abqualifiziert und in gewissem Sinne gleichgültig werden.

Nun ist eine einfache Annäherung an die Historie der Jesusgestalt nicht möglich, abgesehen davon, daß sie nicht ausreichen würde. Das historische Wissen um Jesus beruht auf einem eher eingeschränkten Schrifttum, das zudem nicht allein dem historischen Interesse dient, sondern als Verkündigungsschrifttum die historische Gestalt Jesu in ihrer bleibenden Bedeutsamkeit vorstellt. Dabei steht im Vordergrund, was Jesus für die Menschheit getan hat und immer noch tut, an zweiter Stelle, daß sich aus seinem Leben Konsequenzen für uns ergeben. Je universaler aber die Bedeutung Jesu wurde, umso mehr entfernte er sich zugleich von der Durchschnittlichkeit unseres Lebens und umso schwieriger wurde das, was der niederrheinische Thomas von Kempen in seinem früher weitbreiteten Buch *Imitatio Christi* „Nachfolge Jesu" nannte. Inwiefern kann ein Mensch von Nachfolge reden, wenn er in Jesus den lebendigen Gott erblickt? Die Nachfolge schlug in Anbetung um.

Gerade an dieser Stelle ist der heutige Neuansatz ein tiefgreifender Einschnitt. Denn wie nach der Taborvision haben wir es unter dem Einfluß heutiger Schriftauslegung zunächst mit niemand zu tun als mit Jesus allein (vgl. Mt 17,8par.), dem Menschen, – eingereiht unter die Sünder auf dem Weg zur Taufe des Johannes (vgl. Mt 3,13ff.par.), in allem uns gleich außer der Sünde (vgl. Hebr 4,15). Gerade solche Aussagen des Neuen Testaments laden den heutigen Zeitgenossen ein, erneut nach der Lebensweise und der Lebensweisheit Jesu Ausschau zu halten. Hier erscheint er dann als Mensch, der mit offenen Augen für die Nöte und Krankheiten der Menschen seinen Lebensweg ging. Tatsächlich heißt es aber bereits in 1 Tim 2,5, daß einer unser Mittler zwischen Gott und den Menschen ist: der *Mensch* Christus Jesus.

Die Betonung des Menschseins kommt dem modernen Menschen ohne Zweifel entgegen. Kann er aber auf Gott verzichten? Wer sich auf die Geschichte Jesu einläßt, kommt nicht umhin, ihn in seiner eigenen Religion ernstzunehmen. Jesus ist Jude und zwar in seiner Religion verankerter gottverbundener Jude. Hier aber bringt es die heutige Begegnung mit dem lebendigen Judentum mit sich, daß wir tiefer hineinzuschauen vermögen in die Religiosität Jesu. Wer von Jesus spricht, muß jedenfalls von seinem Gottesverständnis und Gottesverhältnis sprechen. Jesus verkündet die Herrschaft Gottes und lehrt seine Jünger beten:

„Wenn ihr betet, sprecht: ‚*Vater*'!“ (Lk 11,2)

Es geht hier nicht darum, die vielen Schritte nachzuzeichnen, die die Christenheit am Ende hat erkennen lassen, daß sich in diesem Jesus von Nazaret Gottes „Sohn“ geoffenbart hat, anders gesagt: daß der unsichtbare Gott in Jesus ein sichtbares Menschenantlitz erhalten hat. Das alles ist nur auf einem langsam zu gehenden Weg zu erfahren, den die Theologie „Mystagogie“

nennt, das heißt: Heranführung an das Geheimnis, das wir „Gott" nennen. An dieser Stelle muß die Ahnung ausreichen.

Wohlgemerkt: Es geht um die Ahnung, daß der gottverbundene Jesus von Nazaret uns in das Geheimnis Gottes, genauer: das Geheimnis Gott einweist.

2. Nachfolgegeschichte

a) Bekehrung

Nun sind zwei Jahrtausende eine lange Zeit, auch wenn wir – merkwürdigerweise – heute fast weltweit die Zeit von der Geburt Jesu her bestimmen. Noch hat niemand in der internationalen Öffentlichkeit den Antrag gestellt, den Kalender zu ändern, auch wenn es regionale Kalender gibt, in der islamischen Welt, in China, in Japan und anderswo. Für den internationalen Verkehr brauchen auch diese Völker die Zählung „vor" und „nach Christus" bzw. „der Zeitenwende".

Dennoch liegt die Zeitenwende bzw. der Anfang inzwischen weit zurück. Entsprechend nimmt die faszinative Kraft ab, da die Mehrzahl der Menschen in der Regel mehr an der Gegenwart als an der Vergangenheit interessiert ist. Hier aber spielt dann eine unterschwellig wirksame Beobachtung eine große Rolle: Alle Religionen verkünden *Heil,* – ganz gleich, wie es dann konkret verstanden wird. Damit aber geben sie den Menschen zugleich die Chance, mit einem Neuanfang zu rechnen, vielleicht gar, selbst neu anfangen zu können. Letzteres ist auf jeden Fall überall da gegeben, wo von *„Bekehrung"* die Rede ist. Bekehrung besagt stets einen Neuanfang, das Alte zurückzulassen und sich neuen Möglichkeiten zu stellen.

Daraus folgt auch: Wenn eine Religion zu sehr die

Bindung an die Vergangenheit betont und nicht mit gleichem Nachdruck die Botschaft von der gottgeschenkten Freiheit des Menschen, sich zu bekehren und sich neu auf den Weg zu machen, kündet, verliert sie an Bedeutung. Auch das Christentum muß sich an dieser Stelle fragen lassen, ob das rückwärts gelagerte Interesse an der Vergangenheit nicht oft genug kreativen, vorwärts gerichteten Anstößen im Wege steht. Nachfolge betrifft aber das Weitergehen in der Zeit.

b) Zeugnisse als Überbrückung

In der katholischen Frömmigkeitsgeschichte des Christentums gibt es eine Weise der Überbrückung der Zeiten, die in der jüngeren Theologie vor allem da ins Bewußtsein gerückt wird, wo das biographische Lebenszeugnis als Quelle der Theologie wiederentdeckt wird: die Geschichte der Heiligen bzw. der Christuszeugen. Biographien aber enthalten einmal das Moment des Erzählens, sodann aber ihrerseits Momente der Erinnerung. Wenn von der Nachfolge Christi gesprochen wird, sind daher weniger bestimmte Haltungen zu beschreiben, sondern ist die Geschichte von Menschen zu erzählen, die sich als Christen verstehen. Dabei geht es nicht sosehr um die Geschichte etablierter Heiliger, sondern vor allem um Geschichten, die der Beantwortung von Fragen wie: „Warum bist Du Christ?“ oder: „Warum bist Du Christ geworden?“, auch: „Warum bist Du Christ geblieben?“ oder umgekehrt: „Warum hast Du dem Christentum den Rücken gekehrt?“ dienen.

Abgesehen von Werken und Schriften heiliger Männer und Frauen der Geschichte, gibt es inzwischen zahlreiche zeitgenössische Bücher, die vom Christsein solcher sprechen, die zwar auch ihre liebe Not mit der Kirche gehabt haben und doch in Treue zu ihr den Weg weiterleben. Etwas wahllos erwähne ich die Altersbücher von Heinrich Fries, *Leiden an der Kirche,* und Bernhard Häring, *Meine Erfahrung mit der Kirche.* Auch die in Norbert Sommers Buch *Zorn aus Liebe* gesammelten Stimmen „zorniger Männer der Kirche“ gehören dazu oder die von Hanna-Renate Laurien und David Seeber veröffentlichten Aussagen von Laienchristen in ihrem Buch *Was Laien bewegt.*

In solchen Büchern wird sehr bald deutlich, daß die Not solcher Christen sich vorrangig auf die Übersetzungsweisen des Christlichen bezieht, konkret auf die Kirche, ihre Strukturen, die formulierte Lehre, die Art ihrer Verkündigung, auf den Gebrauch der Autorität u.ä., kurz: auf das Wandelbare, nicht auf das an Jesus Ablesbare, das Christliche selbst, das Unaufgebbare und Unwandelbare. Wer der Kirche den Rücken kehrt, tut es in der Regel aufgrund konkreter Erfahrungen mit der Kirche, oft aber auch, weil er die Kirche als solche gar nicht erfahren hat; selten wendet sich ein Mensch von der Kirche aufgrund seiner Jesuserfahrung ab.

Leider ist die heute verbreitete Kirchenkritik vielfach nicht mehr von jener Unterscheidung geprägt, die für Karl Rahner noch selbstverständlich war. Wenn er kritisiert, tut er es als Katholik. Das aber heißt dann:

> Man sollte merken, daß da einer bei seiner Kritik an der Kirche gegen die „Kirche“ vom innersten Selbstverständnis der Kirche selber her argumentiert, daß der Kritiker weiß, daß die Kirche letztlich eben doch nicht bloß eine fragwürdige Organisation religiöser Bedürfnisbefriedigung ist, sondern die, natürlich auch unvermeidlich gesellschaftlich strukturierte, Gemeinde derer, die an Jesus Christus, den Gekreuzigten und Auferstandenen, als an das unwiderrufliche Zusagewort Gottes an uns glauben. Was hat es dann im allerletzten auf sich bei dem Ärger mit Pfarrern, Bischöfen und unter Umständen Päpsten, wenn man weiß, daß einem in dieser Kirche das greifbare

Gnadenwort Gottes für das ganze Leben durch die Taufe zugesagt wurde, daß man in ihr den Tod und die Auferstehung Jesu als das Ereignis des Heiles Gottes in der Eucharistie mitfeiern kann, wenn man weiß, daß man in dieser Kirche durch alles problematische theologische Reden oder Gerede hindurch doch immer das reine Wort der Selbstmitteilung des ewigen Gottes hören kann, das Wort der Vergebung seiner Lebensschuld zugesagt erhält, daß man im Leben und Sterben in dieser Kirche so wie anderswo nirgends an Jesus, dem getreuen Zeugen des ewigen Gottes, festhalten kann?

Hier ist die Kirche selbst in den jederzeit möglichen Bekehrungsvorgang einbezogen. Sie ist – wie es in der Zeit des 2. Vatikanischen Konzils immer wieder hieß – die *Ecclesia semper reformanda,* die Kirche, die jederzeit erneuerungswürdig, aber auch erneuerungsfähig ist.

c) Warum Christ?

Die letztlich wirklich gültige Frage ist nicht negativer Art, sondern lautet positiv: „Warum bin ich, bist Du Christ?" Der Pariser Erzbischof Kardinal Jean-Marie Lustiger hat sich jüngst in einem langen Interview über seine Ansichten zu Gott und der Welt befragen lassen. Dabei kam die Sprache notwendigerweise auf seine Konversion vom Judentum zum Christentum. Der Weg dieser Konversion führte ihn eindeutig über Jesus Christus, den in Judäa Geborenen, „diesen" und keinen anderen konkreten Menschen der Geschichte.

Dem ist aber dann ein anderes hinzuzufügen: Lustigers Glaubenszustimmung ist nicht Ergebnis denkerischen Bemühens, sondern entwächst der Annahme dessen, was im Christentum mit *„Offenbarung", „Selbstmitteilung Gottes"* bezeichnet wird. In Lustigers eigenen Worten heißt das:

Gewiß, der Mensch kann das Jenseits einer Grenze postulieren, die sein Denken gezogen hat. Er kann sich sagen: Ich habe eine Grenze festgesetzt, und jede Grenze hat ihr Jenseits, das größer ist als jedes Denken, zu groß, um gedacht werden zu können. Aber jene Transzendenz, die sich dem jüdischen Volk in der Geschichte als Person geoffenbart hat, ist die Allmacht, deren Wirkung den menschlichen Geist buchstäblich niederschmettert, indem sie ihm gegenübertritt. Gott ist nicht das Niemandsland, das jenseits der vom Menschen selbst gezogenen Grenze liegt, die wir eines schönen Tages überschreiten werden.

Die Offenbarung Gottes ist die Manifestation der Gegenwärtigkeit eines Wesen, das sich selbst als absolutes Subjekt darstellt, durch das der Mensch sich seinerseits erst als Subjekt konstituiert. Er ist die Offenbarung desjenigen, der Schöpfer und Erlöser zugleich ist; der Unbegreifliche gibt sich einen Namen, Er sagt sich aus und läßt sich erfassen.

Die Hinwendung zu Jesus Christus vollzieht sich folglich in der Ergriffenheit durch ihn, somit in einer wahren Bekehrung zu Gott, in der nicht ich Gott ergreife und begreife, sondern in der Gott mich ergreift. Christlich ist es die Ergriffenheit des Menschen durch Gott, die den Menschen einmal in die Begegnung mit dem lebendigen Gott einweist, – eine Begegnung und *communio* mit ihm im Blick auf Jesus und seinen Gott, in der dem Mensch langsam aufgeht, daß Gott in sich selbst *communio* ist. Zum anderen aber lernt der Mensch im Blick auf Jesus, sein Leben und seinen Tod, daß der als der Allmächtige bekannte Gott seine wahre Größe darin erweist, daß er sich selbst in der Begrenztheit des Geschöpflichen, eines Menschenlebens wiederentdecken läßt und buchstäblich in die Hände der Menschen übergibt.

Im Zusammenhang mit dem Buddhismus war schon einmal die Rede von der *kenotischen* Lebenshaltung (vgl. Kapitel 6). Es geht dabei um jene Lebensweise, die der Mensch dadurch verwirklicht, daß er sich von aller

Selbstverhaftung löst und im Anderen seiner selbst wiederfindet. So findet sich der Herr im Sklaven oder Diener, ja Gott im Menschen. Das Wort „kenotisch" geht auf die Formulierung in einem frühchristlichen Hymnus zurück, der sich im Philipperbrief 2, 5–11 findet, wo es in den vv.5–9 heißt:

Seid untereinander so gesinnt, wie es dem Leben in Christus Jesus entspricht:
Er war Gott gleich, hielt aber nicht daran fest, wie Gott zu sein, sondern entäußerte sich (griech. *ekenosen*, wörtlich: er machte sich leer) und wurde wie ein Sklave und den Menschen gleich. Sein Leben war das eines Menschen; er erniedrigte sich und war gehorsam bis zum Tod, bis zum Tod am Kreuz. Darum hat Gott ihn über alle erhöht und ihm den Namen verliehen, der größer ist als alle Namen.

Die Frage „Warum Christ?" ist angesichts dieses und ähnlicher Texte zu beantworten. Fügen wir die Aussagen Lustigers mit dem Text des Philipperbriefes zusammen, kommen wir zu folgenden Feststellungen:

1. Für den Christen hat es das Menschsein mit dem *„personalen Gott"* zu tun. In der christlichen „Umkehr des Denkens" (griech. *metanoia* = Umdenken, Bekehrung) ist aber der Mensch Person, Subjekt, *weil* Gott Person, Subjekt ist. Der Mensch ist Person, weil er am Personsein Gottes Anteil hat. Das wird in der Menschheitsgeschichte überall da offenkundig, wo das unsagbare Geheimnis, das wir in unserem Denken anstreben, sich in einer „Umkehr des Denkens" erschließt. Das heißt: Es geschieht, wo er sich als Ansprechpartner zu erkennen gibt, wo er der *Logos*, das Wort und der Anspruch ist, *ehe* daß wir ihm antwortend erwidern können. Die Frage ist: Gibt es eine Stelle der Menschheitsgeschichte, wo das so offenkundig ist wie in der Geschichte des Jesus von Nazaret?

2. Für den Christen hat es das Menschsein damit zu tun, daß da, wo Gott den Menschen anspricht, er für den Menschen zum Ansprechpartner wird und ein Dialog entsteht zwischen Gott und Menschheit. Die *communio* mit dem Menschen aber gründet darin, daß Gott selbst *communio,* Gemeinschaft ist. (Hier spielen wir auf das an, was Christen im Geheimnis des dreifaltigen Gottes bekennen.) Die Spannung zwischen einem radikalen geschlossenen Monotheismus und einem trinitarischen Gottesverhältnis war lange der Grund dafür, daß auch die Personalität des Menschen eher monadenhaft als Individualität ausgelegt wurde, ehe sie im Hinblick auf die geschichtlich sich ereignende Offenbarung Gottes als Intersubjektivität bzw. Relationalität verstanden wurde. Doch werden nur im *Inter-* Dialog, Gemeinschaft und Solidarität möglich. Von Jesus her erweist sich aber die Interpersonalität von Vater, Sohn und Geist als das wahre Wesen Gottes. Anders gesagt: Der Selbststand Gottes *(Vater)* erweist sich in seiner radikalen Weggabe *(Sohn)* als Liebe *(Heiliger Geist).*

3. Die radikale Selbstweggabe Gottes ist schließlich nichts anderes als das, was Christen als *„Menschwerdung Gottes"* in Jesus Christus bekennen. Im Philipperbrief ist von der „Selbstentäußerung Gottes" die Rede, deren Konsequenzen wir erst langsam und dann immer noch erst stückweise zu erahnen beginnen. Wie zuvor gesagt: Der je größere Gott erweist seine Größe darin, daß er sich im immer Kleineren verbirgt. Der Herr wird zum Sklaven und Diener. Der Herr des Lebens unterzieht sich dem menschlichen Sterben, ja wird getötet. (Die Frage der Theodizee findet nur im Umgang mit dem Tode Gottes im Tode Jesu eine mögliche Antwort.) Die Nachfolge Christi wird aber dann zur Einladung, die Nachfolge in der Nüchternheit des Alltäglichen zu vollziehen. Die Heiligen unserer Tage sind in der Tat All-

tagsheilige, eher unscheinbare, aber darin umso auffälligere Gestalten wie die kleine Therese von Lisieux, aber auch andere, die vielleicht niemals offiziell von der Kirche heiliggesprochen werden, oder aber solche, die ihr Leben für andere in die Waagschale werfen wie Maximilian Kolbe.

3. Gegenwartsgeschichte

a) Spuren Jesu im Menschsein

Die Faszination des Christentums wird da sichtbar, wo es dem Menschen ein menschlicheres Verhältnis zu sich, zur Welt und zur ihn umfassenden Wirklichkeit, die wir „Gott" nennen, verschafft. Schließlich steht nichts in der Welt heute sosehr zur Debatte wie der Mensch selbst, der sich angesichts der vielfältigen Folgen seiner Entdeckungen und Extrapolationen keineswegs mehr als Siegreichen, sondern vielfach als Scheiternden erlebt. Wo der Mensch um sein Überleben kämpft, kämpft oft egoistisch jeder für sich selbst, als gelte es sich zu retten, auch wenn es das Leben von Mitmenschen kostet. Mit guten Gründen drängt sich dem modernen Menschen in seinen verschiedenen Lebensbereichen die Frage nach Ethos und Ethik auf.

Die Provokation des Christentums, aber auch das Angebot des Christentums an die Welt besteht aber nicht zuletzt darin, daß es von einem rettenden Gott spricht, der in dieser Welt selbst Rettung verspricht, ja diese Welt zu retten verspricht. Darum ist nicht die Flucht aus dieser Welt geboten, sondern in dieser Welt das Heil zu wirken. Das aber hat es damit zu tun, daß der Christ glaubt, daß Gott selbst in einer historischen Menschheitsstunde – in Jesus von Nazaret – ein Menschenantlitz angenommen hat. Das Christentum spricht folglich stets von der Geschichte, in der wir Menschen immer noch leben. Das aber hat zur Folge, daß es, gerade weil es in der christlichen Gottesrede um die konkrete Geschichte geht, die Möglichkeit der Nachfolge gibt, in der Menschen dem Antlitz Christi immer neu ein Gegenwartsgesicht verleihen.

Gegen diesen Anspruch kann niemand auf die lange Spur jener verweisen, die das Christentum unglaubwürdig gemacht haben. Denn nur diejenigen, die die Spuren Jesu an ihrem Leibe tragen, stehen hier zur Diskussion, nicht diejenigen, bei denen das nicht der Fall ist. Es braucht aber auch nicht jeder in jedem Christen diese Spuren zu entdecken.

b) Magna Charta

Wenn wir über die exemplarischen Menschengestalten hinaus nach der Botschaft des Christentums fragen, wie sie über die Christenheit hinaus ausstrahlt, kommt uns zumeist jener Text in den Sinn, den wir die „Magna Charta“ des Christentums nennen können: die Bergpredigt. Vor allem die sogenannten „Seligpreisungen“ (vgl. Mt 5,1–12) zeitigen bis in unsere Tage und über den Raum verfaßter Christlichkeit hinweg ihre Wirkungen.

In der Botschaft der Seligpreisungen kommt aber erneut eine Vielzahl von Menschenantlitzen in den Blick. Es ist so, als ob Jesus in seinen Glücksverheißungen die Menschheitsgeschichte von den Rändern her aufrollen würde: Da sind die Armen, die Traurigen, die Verfolgten, die um der Gerechtigkeit willen Unzufriedenen, aber auch all die, die sich in den vielen Notsituationen der Menschheitsgeschichte einsetzen, die Friedensstifter, die, die der Gewaltlosigkeit den Vorzug geben, die Sanften und die, die Barmherzigkeit üben, die, in deren Herz sich Gott selbst widerspiegelt. Selig gepriesen werden Menschen, die leiden, und solche, die das Leiden der Menschen nicht ertragen können und sich folglich zur Wehr setzen in der Überzeugung, daß diese Welt sich ändern läßt – christlich ist hinzuzufügen: weil sie daran glauben, daß Gott – wie es in den Schöpfungsberichten heißt – eine gute Welt gewollt hat. Darum ist Widerstand gegen das Böse genauso sinnvoll wie die Umkehr des Herzens. In der Tat bleibt das Christentum in den beiden Extremen menschlichen Lebens die Antwort nicht schuldig: angesichts des Todes und angesichts der Schuld. Im Blick auf den Gekreuzigten verheißt das Christentum Leben jenseits des Todes und Vergebung der Schuld, die auf dieser Welt liegt.

Ein Spiegelbild dieser Verheißung ist die Gerichtsrede im Matthäusevangelium 25,31–46, wo Jesus sich angenommen sieht in allen Hungrigen, Durstigen, Fremden, Nackten und Kranken, ja in denen in den Gefängnissen, die ihrerseits die Zuwendung von Menschen erfahren. Das Christentum ist eine Religion der Menschen, – derer, die das Menschsein Jesu nachzuahmen suchen, wie derer, die die Erfüllung des Menschseins suchen.

b) „Zu wem sollen wir gehen?“

Ich habe in anderem Zusammenhang den Verdacht geäußert (vgl. Kapitel 3), daß keine Religion der Erde so intensiv um das Dialogische ringt wie das Christentum. Das heißt zugleich, daß keine Religion der Erde so sehr vom Menschen her denkt wie das Christentum. Zwar werden die Christen voller Staunen sich auch auf die anderen Völker und Kulturen und Religionen einlassen und zu erkennen suchen, wie Gott sonst noch in der Welt wirkt, doch werden sie dann zugleich feststellen, daß es gerade die Grundbotschaft des Christentums ist, die sie nach den anderen Ausschau halten läßt. Es ist die Gestalt Christi, die den Blick öffnet für das Gute und Wahre, das sich auch sonst unter Menschen findet. Schon heute ist es ja so, daß die kritischen Rückfragen der Christen etwa im Buddhismus die Hinwendung des im Sinne des Buddha Erleuchteten zu den Menschen in Blindheit und Unfreiheit, Armut und Not als notwendiges Kriterium wahrer Erleuchtung erkennen läßt. In der Tat wird die Mitmenschlichkeit in Selbstlosigkeit zu einem zentralen Kriterium wahrer Menschlichkeit in einer Welt, in der ansonsten weithin Ellenbogen, Durchsetzungskraft und Rechthaberei siegen. Selbst die Kirche ist nicht frei von diesen „weltlichen“ Zügen.

Ich schließe mit folgender Feststellung: Mein eigenes Leben ist im Ursprung geprägt von einem christlichen Elternhaus, einer christlichen Gemeinde, überzeugenden Priestergestalten und einer Einladung, zu leben, wie ich es dort erfahren habe. Meinen Kinderglauben habe ich sicher längst hinter mir gelassen. Er ist zu einem erwachsenen Glauben geworden, geprägt von vielerlei Erfahrungen in Kirche und Welt. Manches, was ideal erschien, ist es mir heute keineswegs mehr. Doch die Grundoption für eine Religion, in deren Mitte der Gottmensch steht, dem ich mich zugesellt weiß, ist durch alle Widrigkeiten hindurch unerschüttert geblieben. Ich habe mich – vielleicht mehr als mancher andere – sehr viel mit anderen Wegen befaßt und befassen müssen, religiösen wie nichtreligiösen Wegen. Ich bin auf Menschen gestoßen, die nicht verstehen können, daß man sich vom Christentum abwenden kann, aber noch mehr auf Menschen, die den Mut verloren haben, Christ zu sein. Am Ende stehe ich selbst dennoch immer noch vor der Antwort, die Petrus in Namen seiner Gefährten Jesus gab, als er sie fragte: „Wollt auch ihr weggehen?“:

Herr, zu wem sollen wir gehen? Du hast Worte des ewigen Lebens. Wir sind zum Glauben gekommen und haben erkannt: Du bist der Heilige Gottes. (Joh 6,68 f.)

Bei allem Respekt vor den vielen Wegen und Bemühungen von Freunden auf anderen Wegen überwiegen für mich selbst immer noch die Gründe, als Christ im Gespräch mit ihnen zu bleiben und solidarisch mit ihnen für eine Welt der Menschen einzutreten, in der für die einen alles Lebendige einen Raum behalten muß und für die anderen Gott der Herr bleibt. Für beides suche ich auch in einer pluralistischen Welt vom Standpunkt Christi aus einzutreten.

Literaturhinweise

E. Biser, Die glaubensgeschichtliche Wende, Graz u. a.1986.

H. Fries, Leiden an der Kirche, Freiburg 1989.

B. Häring, Meine Erfahrung mit der Kirche, Freiburg 1989.

Ignatius von Loyola, Geistliche Übungen und erläuternde Texte, hrsg. von P. Knauer, Graz u. a. 1978.

H. Küng, Christ sein. München 1974

H.-R. Laurien – D. Seeber (Hrsg.), Was Laien bewegt. Zur Lage der Kirche, Freiburg 1989.

J.-M. Lustiger, Gotteswahl. Jüdische Herkunft, Übertritt zum Katholizismus, Zukunft von Kirche und Gesellschaft. Gespräche mit J.-L. Missika und D. Wolton, München – Zürich 1992.

J. Nolte, Theologia experimentalis. Übergänge zu einer Metatheologie, Düsseldorf 1975.

K. Rahner, Grundkurs des Glaubens. Einführung in den Begriff des Christentums, Freiburg 1977.

E. Schillebeeckx, Jesus. Die Geschichte von einem Lebenden, Freiburg 1975.

Ders., Menschen. Die Geschichte von Gott, Freiburg 1990.

N. Sommer (Hrsg.), Zorn aus Liebe. Die zornigen Männer der Kirche, Stuttgart – Berlin 1983, Artikel: K. Rahner.

H. Waldenfels, Kontextuelle Fundamentaltheologie, Paderborn ^{2}1988.

J. Wohlmuth, Jesu Weg – unser Weg. Kleine mystagogische Christologie, Würzburg 1992.

Die ganze Welt der Religionen

Mircea Eliade
Geschichte der religiösen Ideen
3 Bände
Band 1: Von der Steinzeit bis zu den Mysterien von Eleusis.
6. Auflage 1990, 432 Seiten, gebunden.
ISBN 3-451-18215-7
Band 2: Von Gautama Buddha bis zu den Anfängen des Christentums.
4. Auflage 1987, 464 Seiten, gebunden.
ISBN 3-451-18216-5
Band 3/1: Von Mohammed bis zum Beginn der Neuzeit.
3. Auflage 1990, 326 Seiten, gebunden.
ISBN 3-451-19130-X
Band 3/2: Vom Zeitalter der Entdeckungen bis zur Gegenwart.
1991, 496 Seiten, gebunden. ISBN 3-451-19131-8
Quellentexte. Hrsg. v. Gütner Lanczkowski.
1981, 465 Seiten, gebunden. ISBN 3-451-18963-1

Das beispiellose Lebenswerk des großen Religionenforschers: ein Muß für alle geistes- oder religionswissenschaftlich, historisch oder kulturell Interessierten.
„Ein Jahrhundertbuch“ (Österreichischer Rundfunk).
„Eine gewaltige geistige Unternehmung, fesselnd und allgemeinverständlich aufbereitet“ (Süddeutsche Zeitung).
„Eine gesamtmenschliche Rechenschaft über das, was die Menschheit an der Religion hat“ (Neue Zürcher Zeitung).
Jetzt auch in preisgünstiger Taschenbuchausgabe (Herder/Spektrum 4200).

Otto Holzapfel
Lexikon der abendländischen Mythologie
1993, 461 Seiten mit zahlreichen schwarzweißen Abbildungen und 32 schwarzweißen und farbigen Tafeln, gebunden. ISBN 3-451-22487-9

Verlag Herder Freiburg · Basel · Wien